事例でわかる
知的財産権ってなあに?

杉本勝徳 著

日刊工業新聞社

プロローグ　関西特許庁の創設を

関西に新たな特許審査拠点を求める動きが本格化しています。日本弁理士会近畿支部政策委員会は「関西特許庁の創設について」と題した答申書をまとめた。これをもとに議論を進め、活動を始めています。

中堅・中小企業支援と防災面でも有用

関西における特許出願件数は国内の30％近く占めています。にもかかわらず特許庁には地方拠点がなく、地方の出願者にとって利便性が悪い。関西に何らかの拠点があれば、中小企業を含めた出願件数の増加が期待できます。また審査拠点を分散化すれば、災害時のバックアップにもなります。関西活性化のためにも、官民を挙げた議論を進めていきます。

国が知的財産立国を宣言して「知的財産戦略大綱」をまとめたのが２００２年。前年の２００１年の特許出願件数は過去最高の43万９１７５件だった。皮肉なことに宣言後から出願件数は減少の一途をたどり、２０１４年は32万５９８９件と、ピーク時から25％も減少しています。

拠点分散で利便性、審査スピードアップを

出願件数の減少にはいくつかの理由があります。特許庁の審査能力が限界を超え、決定まで時間がかかりすぎるようになったことです。大企業が研究開発部門のノルマ的な研修目標を改め、量から質に変更したことや、さらに事業のグローバル展開に伴って、メーカーが海外出願を強化していること

が影響しています。ただ、日本企業の国際特許出願（ＰＣＴ出願）が増加している半面、海外勢の日本への出願が減少している点は見過ごせません。日本市場の魅力低下を象徴しているとも考えられます。

また、中小企業にとっては、地方に審査拠点がないことが大きな足かせになっています。弁理士を伴って審査官に説明するには東京まで出向かざる得ず、その費用負担は大きいといえます。

一方、海外の現状をみますと審査拠点の分散は当たり前となっています。米国の特許商標庁はバージニア州のほかデトロイト、ダラス、シリコンバレーの４ヵ所にサテライトオフィスがあります。中国も北京の本局以外に７ヵ所の拠点を設けています。欧州やインドも同様な流れです。分散によって出願者の利便性は向上し、審査スピードも向上が期待できます。

●大規模災害時対策でも有効

関西に特許の審査機能があれば、地元企業は知的財産部門を東京に移す必要がありません。また中小企業の出願増加が期待できます。西日本全域にメリットがあり、災害対策の観点でも重要だといえます。特許庁は海外からの特許出願も受け付けており、大規模災害などで審査が遅延すれば、影響は国内だけにとどまりません。

国の出先機関を縮小すべきだという議論もあります。しかし、それは地方自治と国の監督行政の二重化を問題視したものであり、特許庁のように地方でも代替できる業務の東京一極集中が望ましいかどうか。知財戦略への関心を高める意味でも「関西特許庁」の議論を盛り上げていきたい。

「知的財産権ってなぁに？」

第3章　こんなものまで知的財産権

第4章アイディアが浮かんだら（出願まで）

第5章　ノーベル賞の世界

第1章

こんな発明あんな特許

日用品

●前後関係ない「つっかけ」

過去の面白い特許（実用新案）をお届けしたい。こんなものまで特許になっているのか、特許になるのか、と本コラムの読者は目から鱗かもしれません。しかし一方でそれだったら自分の今考えているアイディアの方が優れている、と思われる方は直ぐに相談されたらいかがでしょうか。先ず「前後のないつっかけ」を紹介します。これは突っ掛けの中央部に足の甲を引っかけるベルト部分を持ってくるか、突っ掛けの前後に2本のベルト部分を持ってくれば、前後どちらからでも履けるので、玄関や庭先で乱れた脱ぎかたをしても、再度履くときは方向転換しなくてもいいという優れものです。これは1963（昭和38）年に実用新案が下りていますが、これ以外にも似た物が多数出願されていますので、このようにはるか以前に出願されて権利取得しているものがあるにも係わらず、それを知らずに出願されているものが非常に多く見られます。

●磁石付きの運動靴

もう1つ2つ履物の出願を紹介します。子供の運動靴の左右それぞれに磁石またはマジックテープ（登録商標）を取り付けて他人の靴と混同したり、脱ぎっぱなしの乱れを無くそうとするものです。

すなわち、左足靴の右端外に右足靴の左端外にそれぞれに磁石またはマジックテープ（登録商標）を取り付ける（要するに靴を揃えたときの内側に該当する部分に取り付ける）と、脱いだときに一足として結合できるので、大勢の人が脱いだときに他人の靴と履き間違えたり、前後左右に入り乱れて多くの靴が雑然と脱がれることがないので、整理整頓されて見た目も美しいです。最近旅行したときに、ホテルの部屋履きスリッパに部屋番号とともに磁石が取り付けられているのをみて、これなら大浴場に入ったときも出てきてスリッパが無くなったり、履き違えされることはない、と優れ物に感心しましたが、１９７１（昭和46）年に出願されていることが分かりました。磁石やマジックテープの代わりにホックにしたら権利取れる？

●折り畳みスリッパ

履物についてしつこくもう１つ紹介します。これは１９６３（昭和38）年に実用新案の権利が取られたものですが、今でも実用化されたものを見かける優れ物考案です。列車や飛行機で旅行したときに、長時間だとほとんどの人は靴を脱ぐことになりますが、その時に車内も機内も移動するのにスリッパが必要になります。しかし、飛行機のビジネスクラスならいざ知らず、新幹線や飛行機のエコノミークラスではスリッパはありません。またホテルに着いてもスリッパの無いことがありますが、大きなスリッパを持ち運ぶのは不便極まりないです。そこで、比較的スリッパの底部を薄く可撓性のある素材で形成して、半分の所で１８０度折り曲げて足先が入る部分、または別途取り付けたゴムバンド部分に踵部分を挿入すると、大きさは半分になり一足でもかさ張らないです。スリッパの表面にマジックテープ（登録商標）を装着しておけば、鞄の中で左右がバラバラになることはないです。それでは半分ではなく3分の1に折り畳めば権利取れる？

●夜間に光る雨傘

雨の日の夜間に自動車を運転していて見えにくいのが雨傘で、ヘッドライトに入ってからハッとすることが多々あります。その雨傘に夜間でも運転者に早く発見されるために、傘の周縁部に夜光塗料を塗布したものがあります。これは1965（昭和40）年に実用新案権が成立していますが、どういうわけか実際に見かけることはほとんどありません。この他、1955年に実用新案が下りているものに、傘の把手の部分に乾電池を仕込んで、傘のテッペンの石突に設けた電球を点灯するのがあります。これは、夜間傘をさして歩いているときに運転者に見つけられ易い利点の他に、夜間歩いていて読みたい文字が電柱とか家の塀に書かれているのを見たときには、懐中電灯の役割も果たします。このような優れ物であるにも係わらず、その様な傘を見かけたことはほとんどありません。しかし、この両方とも権利は切れていますので、商品化したい方は遠慮なく実施されればいいと思います。傘の適当な位置に反射テープを貼ったものは権利取れる？

●石突に断面台形のゴム

もう1つ2つ傘の考案を紹介します。雨の日の外出時、駅で切符を買ったり電車に乗ったときに、傘の置場または立場に困ることが多い。壁面などに傘を立てると、地面がよほど摩擦抵抗の大きな状態でないと、傘は滑って倒れてしまうことがままある。そこで一計を案じたのが滑り止め傘で、傘の石突き部（先端部）に、中空で下端を開口にした断面台形のゴムをはめておくと、どんな平滑な地面でも滑らないというものです。これは1965（昭和40）年の実用新案権として権利が下りています。もう1つ1964年に実用新案権が下りているものを紹介しますと、これは石突きと対極にある傘の把手に磁石をはめたものです。壁面が鉄製の場合でないと磁石の効力がないので、電車などの金属で出来ている場合は有効ですが、公衆トイレのようにタイルなどの壁面では役に立ちません。そこで磁石を吸盤に代えたらタイルに吸着して、傘を倒さずに立てられることになりますが、この場合、特許または実用新案を取れる可能性があるでしょうか。

●傘固定具

特許第4913922号「傘固定具」（2012年1月27日登録）という発明があります。この発明は両手が塞がっているときに強固に身体に傘を固定して、雨天でも晴天と同じように両手を使えるものです。特に子供が小さいときには手荷物と子供の世話をしなければならず、子供の手を引いて歩くかまたは抱っこ或いはおんぶをしなければならないので、片手が傘で取られていると身動き取れない恐れがあります。過去にも傘を身体に固定して両手を使えるようにした発明はありましたが、その発明は身体に強固に固定されていなかったので、特に風の強い時にはどうにもならなかったようです。本件発明は傘を固定するために首掛け帯び具と腰用ベルトを先ず身体に装着した後、傘を装着固定します。傘の軸部を先ず固定し次に傘の柄部分を固定して2点支持することによって簡単に且つ強固に固定できるので、少々の風雨には耐えられるようになっているそうです。この特許は権利者において、権利譲渡または実施許諾の用意があるようです。

●ブラジャー用パッド

ずっと身近な肌身密着の考案を紹介します。女性のブラジャーに関する実用新案第３１８３６１０号で考案の名称「ブラジャー用パッド」というものです。ブラジャーの左右の谷間部分には汗が溜まりやすく、かつブラジャーには下縁部に沿ってワイヤーが設けられており、それがしっかりとブラジャーの機能を果たしているが、そのワイヤーが肌に違和感を与える欠点があります。そこで本件考案はブラジャーの谷間に溜まる汗を除去するとともに、ワイヤーの違和感を緩和させようとするものです。ブラジャーの谷間に富士山形状のパッドを、ワイヤーを覆うようにブラジャーの内側に貼り付けるものです。そしてこのパッドは吸水性で使い捨ても出来るし、洗濯によって複数回繰り返し使用することもできる。こうすることによって最も汗の溜まりやすい部分の汗を吸収出来るし、ブラジャー装着時の違和感もなくそうとする考案ですが、果して実用化はどうか。

生活関連用品（家庭）

●洗濯機の糸屑取り

個人の発明としては余りにも有名になったものに、洗濯機の糸屑取りがあります。今や伝説的な発明で、発明者はどれほど儲けたのか見当も付かないくらいです。この発明は今日でも色々工夫したものが出願されており、未だに伝説に頼った個人の発明が相次いでいます。その中でも１９７４（昭和49）年に権利が下りたものが今日の原型となっているようで、その構造は次の通りです。４角錐形状（又は円錐形状）したネット袋の開口部をロ字状または円形状にして、浮力を持たせるようにしたものです。こうすることにより、水流が生じている時も水流が止まったときも糸屑が開口部から吸い込まれるようになります。洗濯機の必需品ではありましたが、最近のものでは洗濯槽に構造的に設けられているのでお役目ごめんとなりましたが、一世を風靡した発明とはこのようなものを言うのでしょう。同じような主婦の発明で、スリッパの踵部分をカットしてダイエットスリッパとして権利を取ったものも、相当儲けて話題になり有名になっています。

●冷蔵庫の外気遮断膜

冷蔵庫の扉を明けると冷気が一気に出てしまうので、冷蔵庫の扉を開けても内部にカーテン式の外気遮断膜を設けているのがありますが、まだ電気冷蔵庫が無い時代の１９３０（昭和５）年に巻取り式の遮断膜が実用新案として認可されています。現在では引出し式にしたり小さなインナードアを設けたりして外気を遮断していますが、80年以上前に今日でも使えそうな発明がなされていたことになります。

●魔法瓶

魔法瓶の特許出願が大変多いのは毎日使用するものであると同時に不便なこともあるからだと思われます。ポットの頂部を押すとお湯が出てくるという大発明を個人の方が50数年も前に特許を取り、某メーカーに売り込んで大金?を手に入れた事案がありましたが、この発明は今も総てのメーカーで使用されている歴史的なものです。この他、スイッチを入れれば再沸騰できる技術、液体の残量がわかるように総重量の変化を検知する秤付きのもの、同じくフロートに磁石を付けて外部から検知できるもの、お湯の供給口が短いので、下の方にある容器に入れるときにお湯が飛び散るのを防ぐために供給口が伸縮するもの、外部からお湯の温度が分かるもの等々、現在も利用されている技術が多くありますが、ほとんどが権利期間を過ぎたものと言えます。ところで所望の一定温度をセットしておけば、その温度以上に沸騰せず、常時その温度を保つようなポットがあるのでしょうか。あれば欲しいなと思います。

●揚げ出し卵豆腐およびその製造方法

1995年にこんな特許が下りています。発明の名称「揚げ出し卵豆腐およびその製造方法」特許請求の範囲「卵豆腐を油で揚げてなる揚げ出し卵豆腐」。この特許には2つの点で注目されました。1つは特許請求範囲の文言の短いことです。発明の名称が16文字に対して特許請求の範囲が18文字。しかもその発明の要旨は「…油で揚げた…」の5文字だけです。昔から簡単な特許請求範囲を「3行クレーム」と言って小馬鹿にしたものですが、ここまで短く1行で表されれば、これは「ウーン」と唸るしかない優れものといえます。2つ目は「油で揚げた」という極めて日常的で単純な行動が特許の要旨をなしたことの驚きです。「卵豆腐」も日常普通に目に触れる物ですから、これは誰も特許になる発明とは思わなかったでしょう。しかし、特許になる発明の4つの条件である①自然法則の利用②産業上の利用性③新規性④進歩性をすべてクリアしているのですから、文句の付けようがありません。それでは「油で揚げたゴマ豆腐」でも出願しますか。

●杓子が置ける鍋蓋

私は男だけれども台所に立つことは余り気にならない。それは味や材料を吟味して自分好みのものを作ってみたいからで、思うようなものができたときは嬉しい。実は失敗のほうが多いのですが、それでも楽しい。あるとき煮物を作っていて、煮汁の味利きをしたときに使用した杓子の置場に困ったことがあります。1973（昭和48）年に実用新案出願されたものに、鍋蓋のつまみが中央部分で2分割されていて、大きな溝が構成されています。そしてその中央の溝に杓子の柄の部分を確り固定できるような構造になっています。なるほどこれは便利で、使用したいときに鍋蓋の上に杓子が載っているのであるからウロウロで探すこともありません。つまみは樹脂性でも金属製でもいいが、杓子の柄の大きさが一定しないので、ある程度の弾力性のあるつまみが好ましい。金属性のつまみだと熱くなり、杓子の柄も金属製の場合は熱くなるのでやや危険な場合があります。そこでつまみには熱を通さない断熱材を蓋とつまみの間に設ける工夫が必要かもしれません。

●断熱保持具

特許第5314183号「断熱保持具」（2013年7月12日）で、簡単に言うと暑い鍋の把手を掴む「なべつかみ」です。一般のなべつかみはほとんど乾いた布巾ですが、この発明は布巾ではなく「断熱性のある軟質の樹脂シート部材であり且つ断面が円弧状で全体が容器のような形状になっていること」です。このシート状で円弧状がミソで、円弧状であることによって両掴みの鍋の把手に対して自立することとです。そして熱い鍋に対してはシート状の円弧状部分を数枚重ねることによって、よりいっそう高い断熱効果を得られる。全体が容器のようになっているので重ねて使用し易く、且つシート状であることによって簡単に複数枚重ねられシートが脱落する恐れも少ない。一部に掛合用孔も

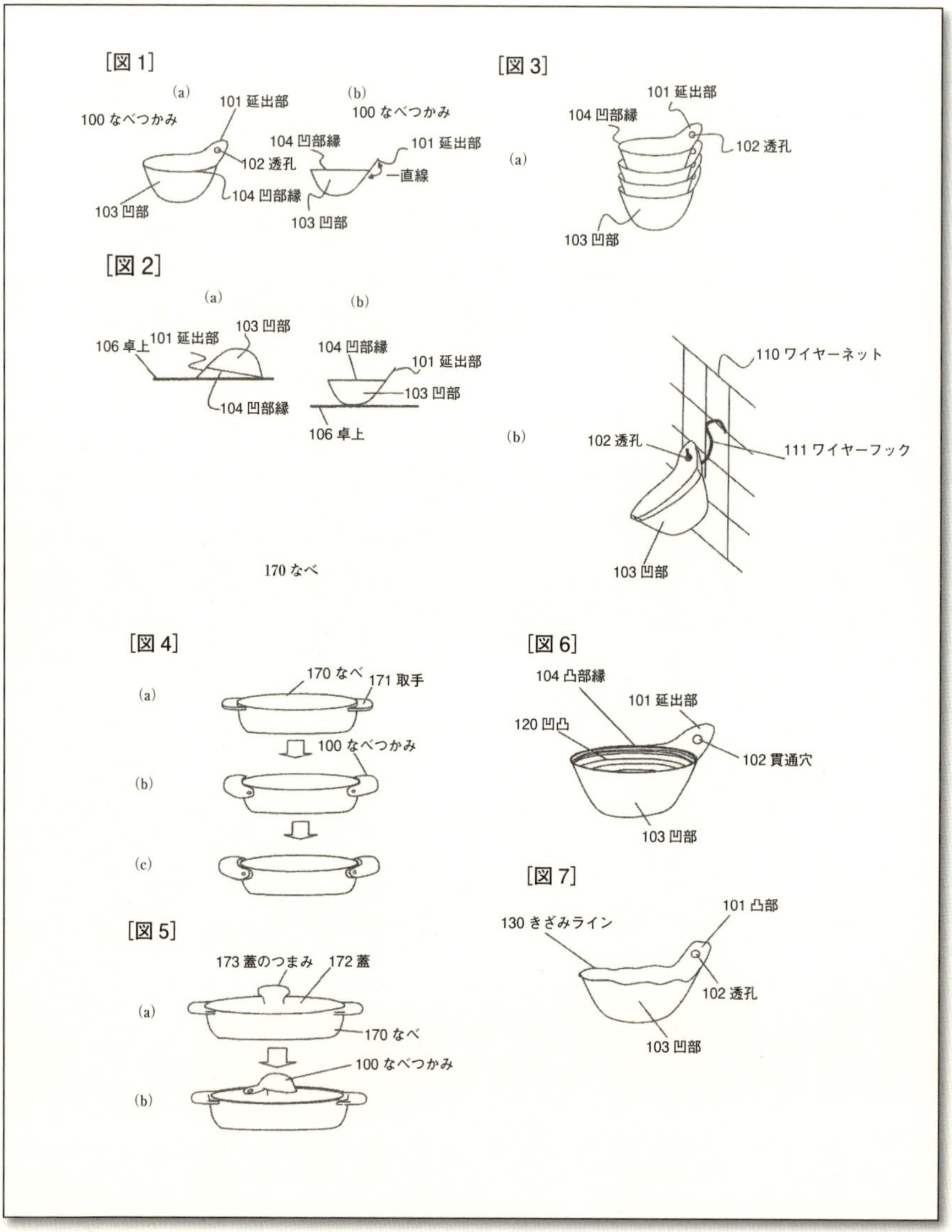

断熱保持具
[特許　第5314183号]

あるので台所のフックに複数枚掛けておくと使用に便利なようです。この特許は権利者において、権利譲渡または実施許諾の用意があるようです。

●ヤカンに熱交換パイプ

鍋料理のシーズンです。最近の鍋は韓国で多く使用されている鍋と同形で、中央に原子力発電所の煙突のような大きな熱通し筒を設けたものが多いようです。この筒で熱効率が良く早く煮立てられる事になりますが、これによく似たヤカンが１９８２（昭和57）年に出願されています。これはヤカンの内部に螺旋状の熱通しパイプを設けたもので、ヤカンの底の外部から上部にかけて連通した熱通路を設けたもので、熱の伝わりが早く普通のヤカンの半分の時間で沸騰しそうです。さらにこの他に、ガスコンロの上に乗せて使用するもので、上部に広がりがあり熱を逃がさない円筒形の燃焼補助具があります。この補助具は内壁面にガス等の熱が一気に上に逃げないよう、円周方向に熱が走るように多数の突起を設けており、熱はその方向に走るので著しく熱効率が良いようです。前記した鍋やヤカンをこのガス燃焼補助具とセットで使用すると相当のエネルギー節約になり、各家庭や業務用に使用するとＣＯ２の削減にも大きな貢献をするものと思われます。

●急須無しでお茶が飲める

昔、発明家の柳家金語楼さんが取った多くの実用新案の中に、湯飲みの内側に茶葉を入れる部分を設けて、そこからお茶を注ぐと急須無しでお茶が飲めると言うことで評判になったことがあります。茶葉を捨てるとき湯飲みを逆さにすれば簡単に捨てられる便利なものでしたが、今回ご紹介する発明は急須の工夫です。急須には蓋を載置する蓋受け（露受け）が開口部全周に渡って必ずありますが、この蓋受けがあるために、使用済みの茶葉を捨てるときに、茶葉が蓋受けに引っ掛かってなかなか全部を捨て切れないもどかしさがあります。そこで考えられたのが、蓋受けの一部に大きな切欠きを設けたものです。そうすることによって、洗浄水と一緒に茶葉は切欠きから洗い出されると言うものです。大変便利で優れものと思われるのに、その様な商品が現在では販売されていないのは、ひょっとして欠陥品と間違われるからメーカーが作らないのかも知れません。それとも中国式に直接湯飲みに茶葉を入れる人が増えたのかも知れません。

●ミシン目の入ったトイレットペーパー

毎日誰でも利用するのがトイレであり、トイレットペーパーでありますが、用をたしている間は誰しも暇と見えて、トイレットペーパー関係の出願が毎年後を絶たないようです。その中でも大発明と言えば大げさですが、ミシン目を入れたものは50年以上も前に権利が取得されており、今もその簡単で偉大な発明は利用されています。またロールのペーパーに印刷されたものも権利が取得されているが、単に印刷しただけでは「自然法則の利用」という特許要件を欠いているので、例えばロールの数回転で一回の使用分である長さが大体決まるので、その数回転に一定のストーリーを完結させる印刷であれば「自然法則の利用」という特許要件を充たすことになります。ペーパーに広告を印刷してそれがよく見えるように、ホルダーの上部についている押さえ蓋部分を透明にする考案とか、ダブルのホルダーで、下のロールを使い切ると上のロールが下りてくるとか、公衆トイレにあるように、ペーパーが盗られないようにホルダーにロックが掛かるものもあります。

●赤ちゃん用洗髪キャップ

和歌山県田辺市でこんな相談がありました。１歳半の孫を風呂に入れるとき，シャンプーをすると目に石鹸が入って痛がって泣き出すので、何とか石鹸が目に入らないような方法が無いだろうかと相談を受けました。その時、相談者が、つばが広くて頭に密着するようなキャップがあればいいのに、ということを呟かれたので、早速調査してみましたところ、それにぴったりのものが登録になっていました。１９４０（昭和15）年に登録になっているのは、ゴルフの時に女性ゴルファーが被っているサンバイザーに似たもので、赤ちゃんの頭部に密着して石鹸水が大きなつばの外に流れるものです。そのほかに麦藁帽子の頭部を抜いた形状でつばがやや大きめのものも有りました。こんなものが75年以上も前にあったにも係わらず、殆ど販売されていないと思われますが、その理由はなんなのでしょうか。赤ちゃんが嫌がるから実用化しないのか、それとも他の理由があるのか知りませんが、これは売れると思われる方は実用化されたらいかがでしょうか。権利は切れていますから。

●育毛・発毛用の処理剤セット

私の事務所で出願して特許になった発明に頭髪の毛生え薬があります。発明の名称が「育毛・発毛用の処理剤セット」（特公昭61－６００４２）であって、この特許の請求の範囲は次の通り。「チオグリコール酸を主成分とする弱アルカリ性溶液を第１液とし、酒石酸を主成分とする中和剤を第２液とし、ブロム酸カリゥムを主成分とする酸化剤を第３液とした組合せのオゾンまたは酸素による育毛・発毛用の前記第１液第２液および第３液よりなることを特徴とした育毛・発毛用の処理剤セット。」

この特許は某社に対して実施許諾され、存続期間の満了（１９９７年）までその効力を充分発揮したと言われています。頭皮を酸化・還元の化学作用によってシスティン化を促進すれば頭髪が生えてくる技術です。ジャーナリストの稲森謙太郎氏は皮肉を込めて「これはスゴイ効果」と仰っています。

●練り歯磨きのチューブ、マヨネーズの容器キャップは大きいのは何故？

練り歯磨き入りのチューブ、マヨネーズ・からし・わさびなどの入ったチューブ、机上にある糊の容器などは、中身が液体でもない固体でもないいわゆるゲル状態よりやや粘性があるものが殆どです。これらのものは蓋を上に立てておくと中身が底に沈んで、利用するときには一苦労する。そこで逆立ちをさせて、キャップのある出口を下にして立てておくと、キャップを外して直ぐ使用できることになります。このため前記の容器はすべてキャップが必要以上に大きく構成されて倒立しても安定するようにできています。この事はごく当たり前のように思われますが、このキャップを大きくしたことだけで実用新案の出願が随分なされており、特に昭和50年代のはじめに多く出願されています。単に大きければ良いというのではなく、キャップを下に倒立させた時に簡単に倒立して、しかもキャップと本体とのバランス上どれだけ安定しているかによって権利化されています。そういえば冷蔵庫扉の内側に薬味を倒立させて保存するスペースのあるのに気がつきます。

●ＰＰバンド包装の把手

百貨店などで重量物の買物をすると、ＰＰバンドを掛けて梱包して更に持ちやすいようにプラスチックの下げ手を取り付けてくれます。この下げ手が実は１９７０（昭和45）年に実用新案が取られているのですが、今日まで商品として使用されており、権利化後実に45年以上も商品の寿命があるのは珍しいことです。またこんなのもあります。木製の洗濯挟みの両端が挟めるようになっていて、縦に複数の洗濯物をぶら下げられるものが1939年に実用新案として下りていますが、これも今日まで約80年に渡ってその商品が生きていることになります。また、ネクタイを結んだときに、幅広部分と幅狭部分とが出来ますが、それをネクタイピンでワイシャツに止めていますが、幅狭部分と幅広部分とを面ファスナーで固定するものが60数年前にフランスで権利が下りています。これも今日まで使い続けられていますが、このように製品寿命の長いものを発明すると、特許の権利期間20年（実用新案は10年）では足らないくらいです。

●小物入れの付いた洋服ハンガー

洋服ハンガーの発明を2つ。2つとも昭和50年代に似たものが多く出願され、今日でもその発明は実用化されています。1つはハンガーに滑り止めを、もう1つはハンガーに小物入れをそれぞれ設けたものです。前者はハンガーのズボンを掛ける丸軸部分に滑り止めのゴムシート、スポンジシートあるいは突起の付いたシートで被覆したもの、およびハンガーのショルダー部分に上記のような滑り止めシートを貼着したものです。こうすることによって上着もズボンも滑らないことになり、現在も実施されている優れもの発明です。後者はハンガーのショルダー部分の両端に係合された小物入れです。この小物入れは、ハンカチ、ティッシュ、時計、小銭入れ、キー、定期入れ、財布などを入れるもので、翌日に昨日とは違う洋服に着替えたときに、ポケットに入っている小物等を忘れず入れ換えることができるものです。また翌日に同じ洋服を着るにしても、ハンガーに吊るすときは重量の関係でポケットのものを出して吊ることが望ましいです。

●受験生用暖房器具？

やがて寒い冬になります。置き炬燵に入ってビールなどを飲みながらテレビを見たり、読書をしながらうたた寝することは快適な贅沢です。しかし勉強しなければならない学生はそんなことをしていると勉強にならない。頭寒足熱でなければならないのに、炬燵では寝てしまう危険が高いので、机に一工夫した発明がなされています。１９７７（昭和52）年の発明では、机の下の足を入れる開口部に床部分を除いて三方に毛布等の断熱シートを張り付けで、足部分の保温効果を図ろうというものです。これだけでは充分ではないので、小型の足温器や暖房器を補助熱源として使用すれば、足元全体が温かくなり頭寒足熱を実行することができます。ただこの発明は補助熱源が必要なので、一計を案じて、断熱シートにヒーター、サーモスタット、タイマーを内蔵させたものを発明したら特許がとれるでしょうか。熱源もいらないし、スイッチオンで机に快適な頭寒足熱空間が形成されます。新規性があると思いますが如何でしょうか。

●地震で点灯する非常用携帯灯

これからは地震のシーズンというよりは何時起こるか分からないのが地震です。地震が夜発生して、停電で真っ暗になったときの非常用携帯灯（懐中電灯など）の備えが大事なのですが、非常用携帯灯はいつでも点灯するように接点を接続しておくと電池の劣化が早くていざと言うときに役に立たない恐れあります。そこで考案されたのが家の柱などに非常用携帯灯を立てておき、地震の振動を受けると内部に設けられた金属球が落下すると閉鎖回路がオンになるものです。これを家の中数カ所に設けておくと手近なところの携帯灯を使用することができます。大変便利なものでこれが特許出願されたのが1971（昭和46）年であったにも係わらず、その後このような非常用携帯灯が販売されたり、各家庭に設置されたという話を聞きません。たぶん振動の感度を良くすると家の中で子供が走り廻ったりするだけでオンになり、感度を悪くしておくと地震のときに役に立たないからかも知れません。パーフェクトなものを誰か発明してください。

●回転テレビ台

薄型の液晶テレビが主流になって久しいですが、液晶モニターの欠点はやや方向性のあることで、見る角度を浅く斜めに見ると映像が白くなってしまうことです。その点では従来のブラウン管型テレビまたはプラズマ式テレビの方が優れていますが、未だ液晶テレビが発明されていない1957（昭和32）年に、テレビ台が回転する発明が特許になっています。今の液晶テレビのテレビ台が回転すれば、液晶テレビの欠点がカバーされるので、従来のブラウン管型テレビより一層発明の効果がありますが、既に特許の有効期間（当時は出願から20年又は特許が下りてから15年）が切れているので勿体ないことです。当時もテレビの方向を変えて見る必要があったことは充分伺えますが、この発明は世の中に出て来るのが60年早かったと言うことになります。このように優れた発明が発明当時には役にたたなく（と言うより世間がその良さに気が付かなく）特許期間が切れてからデビューする発明が多々あります。フロッピーディスクはその典型でしょう。

●電気コンセントの差し込み口の穴は左右の穴の大きさの相違

電気のコンセントの差し込み口の穴は左右が同じ大きさだと思っておられる向きが多いのではないかと思います。実際は左側の方が可成り大きいのです。身近にあるコンセントをしっかり見て下さい。どうです。左の差し込み口の方が大きい（長い）でしょう。これは左の方にアースされていて、また右利きの人がプラグをコンセントに差し込むとき、プラグの左側の突起から差し込むので、差し込み易いように大きくしてあります。時々右側の方が大きいのがあります。これは随分以前の大発明ですが、権利期間の間に発明者は相当儲けたでしょう。ところで、コンセントにスイッチがあるのをご存知でしょうか。硬いプラグを、コードを持って引っ張って壊してしまわないように、通電が不要なときは、プラグを抜かずにスイッチの操作だけでオン・オフができるのです。この考案が実用新案出願されたのは１９７４（昭和49）年のことですが、今日でも使用されている優れ物と言うべきでしょう。

●ペット用糞始末道具

最近のペットブームは凄い。何が凄いといって、ワニやらニシキヘビやら大とかげやら凡そ大多数の日本人が恐れるものをペットにしている人の増えたこと。挙げ句の果てには手に負えず池や沼に捨ててしまう。しかしペットと言えばやはり昔からの犬や猫が可愛くていい。ただ、昔と違って散歩に連れていって、ペットが草むらに糞をしてもしっ放しというわけにはいかず、糞の始末をしなければなりません。糞を素手で掴んだり、スコップで掬い取るのも非衛生的なので、最近は衛生的で洒落た糞捕具が多く発明され、特許出願されています。１９７１（昭和46）年に登録になった実用新案は、短い箒の筒のような中にワイヤーを通して、筒の上端でワイヤーを引っ張れば、ワイヤーの先端に設けた挟み具が糞を挟み、そのまま持参したポリ袋に糞を入れればいいと言うものです。その後、多くの発明が特許出願されていますが、基本的にはこの発明を踏襲したもので、如何にお洒落でかつ衛生的にと工夫されたものが多く出願されています。

生活関連用品（屋外）

●タクシーの自動ドア

タクシーに乗るとき自動で後部左側のドアが開きます。勿論これは運転席で客の顔を確認しながら開けているのですが、我々日本人にはこれが常識ですが、日本の常識は外国の非常識と言われる通り、外国のタクシーでこの種の自動ドアを設置しているタクシーにお目にかかったことはありません。自動車の自動ドアは最近でこそ電動モーターで開閉するスライド式の自動ドアとかバスの自動ドアがありますが、タクシーの自動ドアが発明されたときは、車の自動ドアそのものが無かった時代です。この自動ドアの特徴は、モーターを使わず運転席のレバーを運転者が手前に引く操作をすることによって、ロッド（軸）が次のロッドを押して後部左側のドアロックを外しながらロッドで押し開くものです。これは昭和30年代の後半に山中茂弘さんという方が発明されて多くの特許が取られましたが、これすべて私の事務所で特許取得の手続をさせてもらった大発明の1つです。

●事故時の自動ドア

この自動ドアはモーター駆動で開閉されるものではなく、ロッドが次のロッドを押すことにより開閉できるようになっている関係で、問題が生じて開発に行き詰まったことがあります。すなわち、事故を起こしてロッドが変形してしまうとドアの開閉が不可能になるからです。昭和40年代の後半にドイツのタクシーに導入すべく、何度もドイツへ行き、導入の為に事故をわざわざ起こして実験を繰り返しました。その結果がアウト。しかし、その後事故対応ドアも開発したのですが、結局世界中で採用したのは日本のタクシーだけ。まさに日本独特の文化になってしまいました。私が自分の車にタクシー用の自動ドアを取り付けたのは、子供が小さいときに女房が子供を抱いて荷

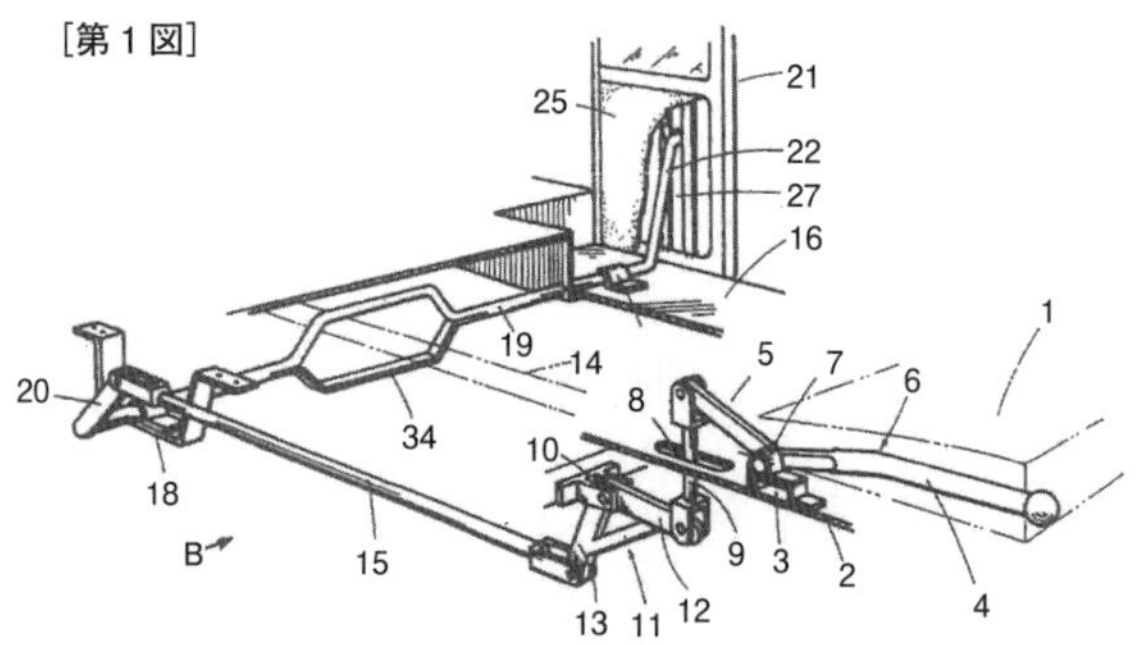

1…運転席	14…動力軸	23…円坂
2…車床	15…水平方向駆動ロッド	24…筒体
3…支持金具	16…乗降用ステップ	25…内張り
6…操作レバー	19…反転軸	27…ガイド溝
9…垂直方向駆動ロッド	20…テコ腕	28…施錠機構部
10…シャーシー	21…駆動扉	29…メインワイヤー
11…ベルランク	22…扉駆動腕	30…レバー

タクシーの自動ドア
[特開　昭52-152019]

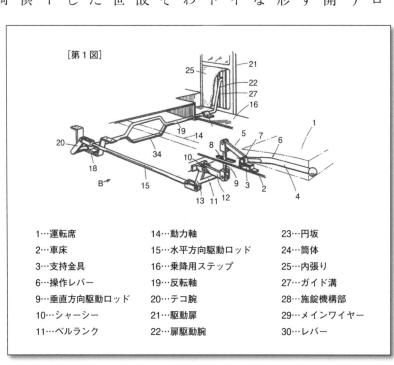

物を持っていると、ドアを開けられないのに困ったときでした。

●日本の文化になったタクシーの自動ドア

日本でのタクシーの自動ドアは日本の優れた文明であり文化として日本の国民に定着しています。ところが外国では全く自動ドアのタクシーがありません。これは外国旅行された方ならどこでも感づかれていることだと思います。欧米は勿論、南米、中東、東南アジア、オーストラリアそして何でも日本の真似をする近隣諸国でも存在しません。こんな便利なツールが何故外国では採用されないのか不可思議と言う他ありません。昭和40年代の後半には、ドイツや他の欧州諸国へ普及のために訪問しましたが、一旦採用したタクシー会社がキャンセルしてくることが多く、結局、日本以外の国では根付かなかったのです。

●マイカーにタクシーの自動ドア

タクシーの自動ドアが日本だけの文明であり文化ですが、何故そのように外国では一切採用されないのか、その理由は3つあると思われます。その1つ目は、一旦タクシーに乗車してしまえば、どんなことがあっても自分でドアを開けて下車できないこと、その2つ目は、交通事故を起こしたときに、自動ドアのロッドが折れたり曲がったりした時は車から脱出できないこと、3つ目は、タクシーは自分でドアを開けて乗車するものだという慣習。これらの理由のうち、2つ目の交通事故を起こしたときに脱出できないことについては、現在のタクシーはそんなことはありません。その理由は事故でロッドが曲がったり折れたりしても、各ロッドが独立して作用するように設計されていますから、普通に開閉して脱出出来るようになっています。

何故マイカーに普及しないのか、外国で普及しないのとは異なりますが、その理由として、自動ドアはタクシーのみに設置されるものであり、運転席で運転手が開閉するものだという先入観があるからだと思われます。つまりはマイカーに設置する発想が無いものと思われます。随分前ですが、私がマイカーの自動ドアを作動させていたとき、近所の悪餓鬼の子供がそれを見つけて、「わあ、この車、タクシーの古や」と言ったのを覚えていますが、子供にも自動ドアはタクシーのみの物だと言う先入観があり、車の自動ドア・イコール・タクシーと連想するのでしょう。

●自動車のテーブル

最後の発明は自動車のテーブルです。飛行機でもバスでも鉄道の新幹線でも在来線でも、前席から出てくるタイプのテーブルと肘掛けから出てくるタイプのテーブルがあります。しかし残念ながらタクシーを始めとして一般の乗用車には後部座席にもこのようなテーブルがありません。そこで乗用車用に発明されたのが天井から下りてくるテーブルです。天井から下りてくると言っても自動ではなく、天井に折り畳んで収納されているテーブを引っ張りだすと、伸縮式支柱で支持されたテーブルが丁度いい位置に下りてセッティングされると言うものです。１９７７（昭和52）年に実用新案登録（実公昭52－１９２９０）されています。これは大変便利だと思うのですが、実際にこのようなテーブルを搭載した自動車を見たことがありません。

●二重構造の浮輪

１９６５（昭和40）年に権利化されたものに、冷蔵庫の扉の把手の下部に栓抜きを設けたものがあります。これは栓抜きを探す手間が省けて便利なものですが、そういう冷蔵庫扉を見たことがありません。屋外に設けられた瓶入清涼飲料水の栓抜きで時々見かけますが、現在では殆ど見かけることは無くなりました。今でも冷蔵庫扉に栓抜きがあれば便利なのにと思いますが、何故かそのような冷蔵庫を見かけません。冷蔵庫とは全く異なりますが、次のような相談がありました。4歳の子供を海に連れて行って浮輪で泳がすときに、浮輪の空気が抜けたら怖い、といつも思っています。そこで浮輪をダブル構造にしたらいいと思うのですがいかがですか。早速調査しましたら、断面半円形のものを上下に接着してそれぞれに空気弁が設けられて浮輪が二重構造になっているのがありました。一方の浮輪が破れたり、空気が漏れても、残り半分が浮輪の役目を確保するというものです。

●ゴルフパターの照準棒

ゴルフのパッティングは芝目を読んでカップインするのがプロでしょうけれど、素人にはなかなか芝目を読む力がありません。それより、素人にはカップまでの距離感が大事なのか方向感が大事なのか、そのことが先決と思われます。距離感の方はどの位の力で打ったらいいのか難しいし、方向感はパターの向きをしっかり把握しておかなければなりません。「どこ向いて打っとんのや」と言われるくらい方向は難しい。そこで発明されたのが方向を確認できるパターです。これはパターのフェイス側と反対側のシャフトにフェイスと直角になるように照準棒を折り畳み式に仕込んでおき、パッティングの際に、シャフトから引き出してラインの方向に合わせ、その照準棒の方向にパッティングすると、それ程は大きく方向を誤ることはないでしょう。照準棒はシャフトに折り畳みで忍ばせておくから、出し入れ自由かつ持ち運びに邪魔にならず使用できる優れもので、現在も販売されているとか聞きます。たかがパッティングされどパッティング。

●打球状況が分かるシート

クラブヘッドの発明についてお話します。パター以外のウッドでもアイアンでも打った瞬間は全く見えていないので、ボールがヘッドのどの位置に当たったのかは全く分かりません。従って、スライス、フック、ゴロ、テンプラなどの軌跡がヘッドのどこに当たったかを確認する術がありません。そこでボールの当たった位置を確認できれば一気に解決出来るとして発明されたのが、打痕検知シートです。これはクラブヘッドのフェイスにカーボン紙と普通紙を合わせたものを、カーボン紙が外側になるように貼着した発明です。スイングした後にカーボン紙を剥がして普通紙のほうを見ると、ボールの当たった位置が明確に痕跡として普通紙に示されます。その痕跡の位置、大きさ、広がり、濃淡によって、スライス、フック、ゴロ、テンプラなどの理由が解明されます。次打の時にはその痕跡を学習してスイングすれば、見事にスイートスポットに当って美しい放物線を描くことでしょう。

●キャンプにおけるローソク兼用蚊とり具

夏のバーベキューは薄着をしているため虫対策が大変で、特に蚊に刺されやすい体質の人は大変です。蚊は炭酸ガスに反応しますからビールなどのアルコール類を多量に飲むと、呼吸が荒くなる分、炭酸ガス発生量が増えるので蚊の襲撃を受けやすくなります。夏の夜のバーベキューはライトと蚊とり線香が主役ですが、ライトを使用する分だけ余計に蚊を集めてしまいます。そこで最近見かけるのがローソク兼用蚊とり具です。これは小さなバケツ様容器に殺虫成分が混入された蝋が充たされ、中心部にローソクの芯を設け、ローソクに火を灯すと周囲が明るくなるものです。明るさと同時に殺虫成分が蒸発するので、ライトとローソク兼用となり大変調法なものですが、これが1934（昭和9）年に特許第108798号として権利が下りています。それにしても80年以上経った今日でも使用されているとは、凄い発明と言わざるを得ません。

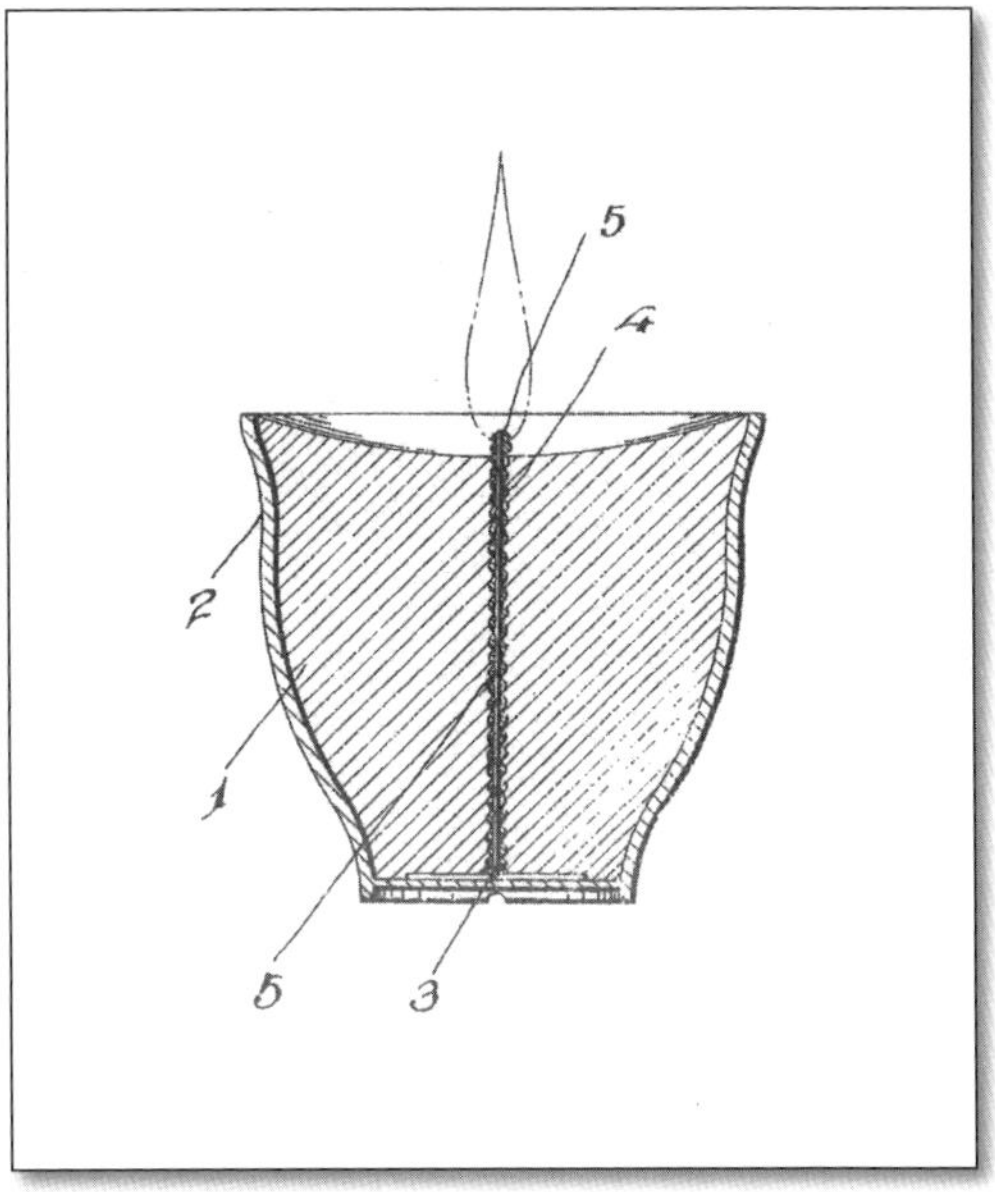

蚊取りろうそく
［特許　第108798号］

●着火しやすい線香

また次のような特許相談を受けたことがあります。それはお墓に供える線香が着火しにくいので、線香の先端に火薬を塗って、一気に着火するようにしたものを特許取りたい、というものです。早速調査したところ、なんと1931（昭和6）年に権利が取られています。もっともこの火薬は線香箱に張りつけた発火薬紙との組合せで、直接火薬に着火させるものではありません。それにしても何故そのような便利な線香が販売されていないのか不思議です。そう言えばお墓でローソクを立てても少しの風で炎が消えてしまうことを経験します。誰か消えないローソクを発明してくれませんか。

●月に墓標を打ち込む

故人の葬儀の発明を紹介します。特許第2655018号「故人の弔い装置」と言うのがあります。これは月の表面（地球側）に故人の墓標を打ち込み、当該墓標には故人の遺骨や遺髪、記念品そして故人を特定する総てのものを入れておき、なおかつ声や写真を記録するレコーダーと定期的に地球に向けて発信する発信機を設けたという、奇想天外な発明です。これが特許になっているとは驚きですが、その前に、何のために月に打ち込むのか、その事が意味不明ではないでしょうか。

墓標になる容器に故人を忍ぶあらゆるものを入れるところまでは理解できます。しかし大金をかけて何故月に打ち込むのでしょうか。地球上でいいし、故人のゆかりの土地に埋葬すれば済む話です。ただ1つ理解できるとすれば、地球上に墓地が無くなって、月しか墓地用の土地が残っていない場合です。何れにしても産業上の利用性が無いのに特許庁はよくも特許にしたものです。

[図 1]

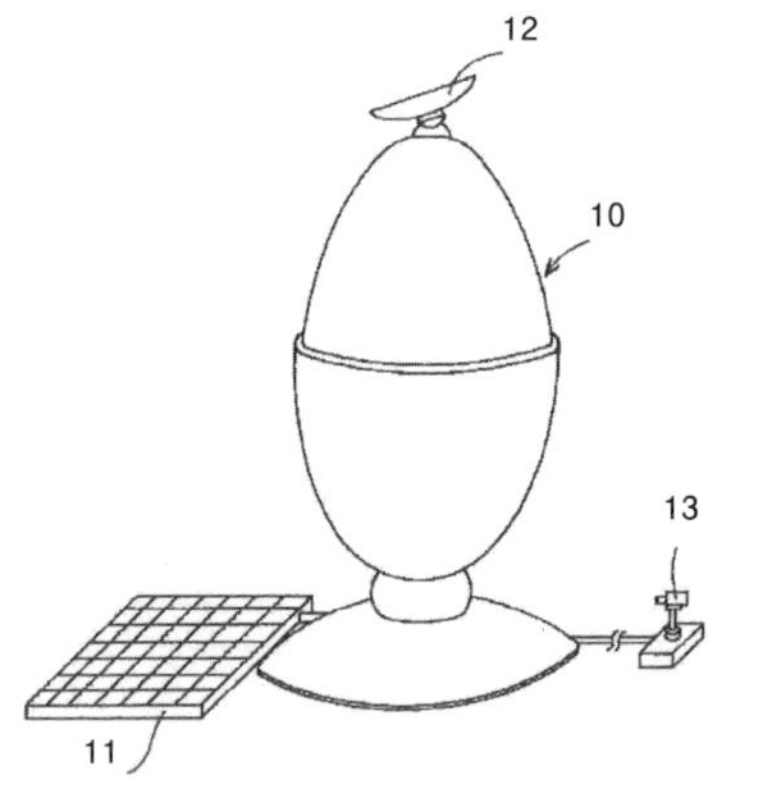

本発明の一実施例を使用した墓標となる無人ロケットの斜視図である

10…無人ロケット　12…アンテナ
11…太陽電池　13…テレビカメラ

故人の弔い装置
[特許　第2655018号]

●火葬人形

「火葬人形」（特開平９－１９２１８１号）特許請求の範囲『遺体とともに柩内に収納して火葬に付する火葬人形であって、原料土を適宜の人形姿態に成形して焼成してなり、人形内部を空洞とする一方、該人形内部に通ずる孔穴を人形の適宜位置に穿設したことを特徴とする火葬人形』。この発明は面白い。日本では死後火葬に付されてしまい、個人の物としては遺骨しか残らない。この発明は遺体とともに火葬に付するのであるから、個人が焼けて骨になるまでずっと遺体に寄り添っていることとなる。火葬後にこの人形を取り出すと、火葬のプロセスすなわち個人があの世に行くまで寄り添っていたのであるから、遺族にとってはこれ以上ない個人の形見になるでしょう。故人とともにあの世にお供した形見として、いつまでも仏壇にお祭りして手を合わす対象になると思われます。ところでこの発明は特許になるのか。人形に故人とそっくりの顔・形にすれば可能性があるかも知れませんが、単なる土の人形で中を空洞にしただけではどうかな、と思われます。

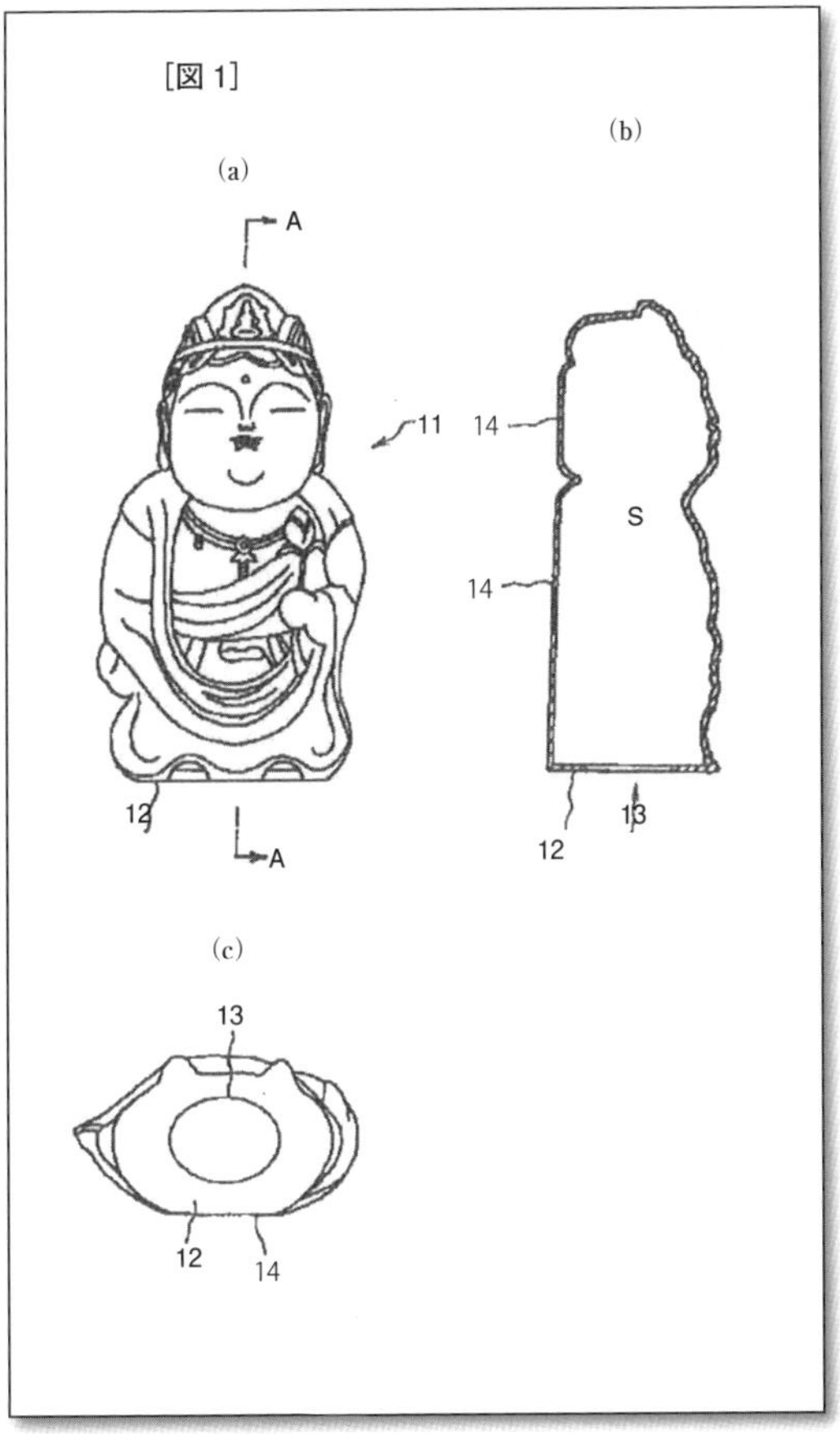

火葬人形
[特開　平9−192181号]

ビジネスモデル

特許になる条件

特許になるには5つの条件を満たした発明だけが権利化されます。①自然法則を利用した技術的思想の創作、②産業上の利用性、③新規性、④進歩性、⑤最先の出願であることの5条件です。病気の治療方法やプロレスの技は産業上の利用性がない、トランプの遊び方などは自然法則を利用していないなどになります。いまここに紹介する発明もその産業上の利用性欠如および自然法則の利用性欠如で特許にはならないが、奇想天外な発明というべきか、発想に度肝を抜かれます。特開平6－70650「地球環境改築方法」特許請求の範囲『多量の水を地球上から宇宙空間に発射することにより、地球を取り巻く環状体を形成することを特徴とした地球環境改築方法』。要するに宇宙空間に多量の水を放出して、地球を取り巻く環状水脈を作ろうとするもので、丁度土星の輪のように水脈が地球を環状的に取り巻く発明です。その効果は勿論、発明の構造に達することも不可能で、当然審判でも拒絶審決です。

ビジネスモデル特許

ビジネスモデル特許というのがあります。これは物の発明とも方法の発明とも異なる新しい考え方の特許ですが、もちろん特許になる発明の5条件を揃えて特許になっています。今までになかったビジネスはコンピュータを使用することによって実現できた場合に特許になります。ここに紹介するビジネスモデル特許は余りにも有名で、世の中の仕組を変えてしまったと言っても過言ではありません。

すなわち旅行する場合の飛行機のチケットを購入する時に、今までは旅行代理店に行って購入するのですが、A社B社C社D社……と数ある旅行代理店のうち、どこで購入するのが最も条件が良いかは判断できませんでした。もちろん全旅行代理店を逐一チェックすれば可能でしょうが、そんなことは実際上無理です。そこで、信用のある会社で購入することになりますが、それが最も条件の良いチケットを販売しているとは限りません。それを、コンピュータを使用することによって、一気に解決したのが米国特許第5794207号特許です。

●逆オークション（リバースオークション）

これは、逆オークション（リバースオークション）と言われる発明で、従来のオークションを逆にしたものです。オークションは売手と買手があって、一人の売手が商品をオークションに掛ける場合、最低セリ価格を示して、それに対して複数の買手は高い金額を乗せていって最も高い金額を提示した人に競り落とされるわけですが、この発明はそれを逆にしたものです。売手と買手があるのは同じですが、売手が複数で買手が一人とここで既に従来のオークションの逆になっています。

アメリカに旅行しようとする人は、普通は一々旅行社を尋ね歩いて最も条件の良いチケットを探す事になります。ところが本発明では、旅行者甲さんがインターネットでアメリカ行きのチケットが欲しいと入力すると、予め登録されている複数の旅行社から条件の提示があります。A社は、我が社は価格の安いのが特徴です、B社は価格は最安値ではありませんが、食事は良いのが特徴です、C社も価格は最安値ではありませんが、飛行機会社が信頼できます、D社は価格は最安値に近いばかりではなく、機内サービスが抜群です、E社は価格は最安値で客室乗務員も美人が揃っていますが、航空会社は指定できません、等々の条件が複数の旅行社から出されます。甲さんはその中から自分の条件にあったチケットを購入することが出来るばかりではなく、コンピュータの前に座ったまま、居ながらにして最も条件の良いチケットをゲットできることになります。

●婚礼引き出物の贈呈方法

国内のビジネスモデル特許第３０２３６５８号「婚礼引き出物の贈呈方法」と言うのがあります。この特許の特徴は、結婚式披露宴に招待する客でお祝いをくれた者に対して、披露宴当日ではなく、事前に（または事後）引出物を届けるものです。一般に結婚のお祝い金額がバラバラでありながら、引出物は同一のものである場合が殆どで、金銭的にはやや不公平になることと、披露宴式場から重い引出物を持って帰る煩わしさを解消したアイディアとしては面白い特許です。しかし、この特許の問題点は、特許の要件である「自然法則を利用した技術的思想の創作」であるか否かです。これは自然法則を利用した発明とは思いにくいのですが、発明者は特許庁の拒絶理由に対して「贈呈リストは物理的構成物」であり、「引出物の配送には輸送手段という物理的行為」があるので自然法則の利用であると主張して、審査官がそれを認めて特許査定したようです。本来の自然法則の利用の意味を発明者も審査官も見失った特許ですが、後日無効審判で無効になっています。

●コンピュータの使用が必須要件

ビジネスモデル特許として認められるには、大きな特徴があります。それは、自然法則の利用の側面からコンピュータを使用することによって、従来には達成できなかった新たなビジネスを創出する発明であることです。従って「リバースオークション」は特許として認められますが「婚礼の引き出物贈呈方法」は一旦特許になりましたが、最終的には無効になっています。一方産業上の利用性が無いことを理由に、「プロレスの技」や「野球の投球方法」が特許にならなった。しかし、アメリカで面白い特許があります。米国特許第5616089号（1997年）で、これはゴルフのパターの振り方の方法ですが「プロレスの技」や「野球の投球方法」と同じく産業上の利用性を欠くと思われます。医療方法をはじめ何でも特許になると思われるアメリカらしい特許ですが、これを日本に特許出願すれば当然拒絶されることになるでしょう。

●認知度把握システム

和歌山県御坊市の中島恵子さんが面白い発明を2件特許にされていますが、いずれも杉本特許事務所が代理した案件です。特許第4967009号（2012年4月）は発明の名称を「認知度把握システム」と言い、特許の内容は、塗り絵シートと認知度をチェックできる項目を備えた認知度チェックシートからなる発明です。この発明は被験者に塗絵シートに適当に着色をしてもらい、予め塗り絵に基づく判別項目を設けたチェックシートにより認知度を把握できるシステムです。チェックシートに何を予め項目として記載しておくかが本件発明のポイントですが、この発明も自然法則の利用をしているか否かで問題になったのですが、塗り絵シートとチェックリストとの組合せが自然法則の利用として認められています。この発明は高齢者や認知症患者が入院している病院で使用されて、かなりの効果を上げているようです。中島さんのもう1つの発明は「精神状態把握用具および精神状態把握方法」（特許第4792317号）というものです。

●精神状態把握方法

前記の発明は特殊な区分けをした塗り絵シートと塗り絵した日の感想を記入する感想記入シートと色を塗った被験者の精神状態ランクを記入する転記シートおよび転記シートを並べ替える並べ替えシートとからなっている精神状態把握用具であり、それらの用具を使用して精神状態を把握する方法です。この発明も自然法則を利用しているかどうかで議論されましたが、複数のシートが有機的に繋がって利用されていることによって解決しています。本発明も高齢者が入院している病院や老人ホームにおいて使用された結果、それなりの効果が認められ、入院患者や入居老人の精神状態を把握出来るので、施設提供者には好評のようです。中島恵子さんの2件の特許は、前述した「婚礼の引出物配送方法」とは異なりますが、自然法則の利用が認められたケースとしてはかなりボーダーラインではないかと思われます。

●中村泰士さんの発明

中島恵子さんの発明によく似た発明が特許になっています。特許第2815308号「心絵表示装置および心絵表示方法」で、この発明者は作詩・作曲家の中村泰士さんであるところが面白い。発明の構成は風景画の表示形態を決定する決定手段と、決定した表示態様を表示する表示手段とからなるものです。被験者に複数の質問をしてその質問によって風景画を描いてもらうと、被験者の心の状態によって描かれる絵が異なるので、予めどのような精神状態だと、どの様な絵になるかをデータ化しておき、そのデータを照らし合わすことによって心の状態を把握しようとするものです。中島恵子さんの発明も本件発明も、人間の心理状態を把握することによって、その人と、どの様に接するか、又はどの様な生活態度や治療方法を実施すべきかを把握できると考える発明です。人間の心理状態や精神状態を完璧には把握できないにしても、1つの傾向を掴むことができれば、その人に合った生活指導や治療ができるきっかけになると思われます。

●逆さひざ落とし

いささか昔で恐縮ですが1981（昭和56）年出願（特開昭57－148599号）の発明に「逆さひざ落とし」という特許出願がありました。これはプロレスの技で、相手を背中から抱え上げて自分の膝に背中を叩きつけてマットに落とす大技です。図面には見事な技が示されており、その技は一目瞭然ですが、これは特許にはなりません。何故か。特許法に規定されている産業上の利用性（特許法29条柱書き）がないからです。誰でも産業上利用できるものが特許の条件の1つですが、プロレスの技は誰でもが利用出来るものではありません。プロレスの技は特許の条件の1つである「自然法則を利用

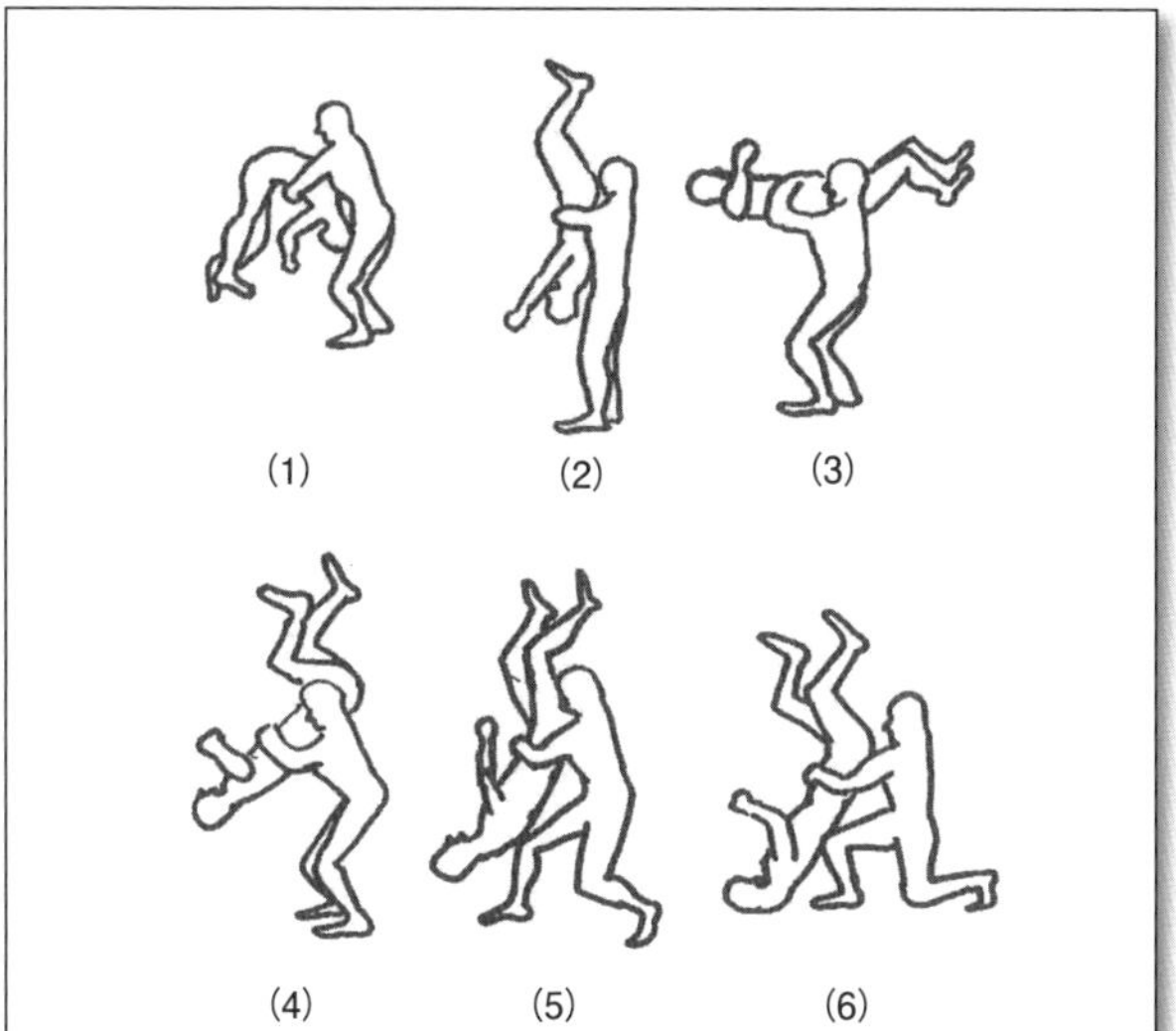

逆さひざ落とし
［特開　昭57－148599号］

した技術的思想」ではないという考え方もありますが、身体を抱えて上から落とすのですから、自然法則に適っています。野球のフォークボールの投げ方や、ラグビーのトライの取り方、相撲の新技方法についても特許出願がありましたが、いずれも産業上の利用性無しで特許にはなっていません。尚、医療発明も同じように産業上の利用性欠如で特許になっていません。

意匠 Design

●爪楊枝の意匠

爪楊枝に意匠権があるとは、私も争いの代理をするまでは知らなかったのですが、爪楊枝の頭部分に3本の溝が円周方向にぐるりと刻まれています。本体に一番近い溝は頭部を折るための溝、真ん中の溝は爪楊枝の先端部を置く部分、頂部の溝は飾りないしは、やはり爪楊枝の先端部を置く溝です。すなわち、3本の溝は頭部を折って爪楊枝を置く枕の用をなしているわけです。この溝の位置と数によって意匠が異なることで争いが起こります。現在は殆ど主要な意匠は権利が切れていますが、たかが爪楊枝といっても、企業の存亡に係わる争いに発展することもあるのです。そう言えば、割り箸の先端部に溝を付けて折って箸枕にする意匠権もあったり、トイレットペーパーにミシン目を入れたものが特許になったり、塗りの高級会席弁当箱の蓋の上面に設けられた突起に、弁当箱本体の足部分が嵌め合いして蓋が食卓台の役目をするようにしたものとか、身の回りには多くの特許・実用新案・意匠権が存在していることに気がつきます。

●植木鉢ツリー

広い庭付きの家ならいざ知らず、比較的狭い庭とかマンションのベランダで花や植物のプランターの植栽をしたいときに、場所の狭さに相当工夫をしなければ充分なものを植えられないことは経験済と思います。特に個別の鉢植えの場合は鉢の大きさが必然的に場所を占領してしまう。そこで考えられたものに、木の枝の張っている要領で植木鉢を立体的に配置したものがあります。一本の太い確りした心棒に、木の枝のように四方にしかも立体的に植木鉢受けを設けて、そこに受けに合った大きさの植木鉢を嵌め込むと僅かな底面積の何倍もの植木鉢を置くことができます。上下に重ならないように工夫すれば人間の背丈程度の植木鉢ツリーを設置することが可能です。各植木鉢に同じ花を植えれば全体が一本の華やかなツリーになることは勿論、季節毎に植木鉢を取り替えていけば、狭い土地やベランダで年中異なる花や植物を鑑賞することができます。こんな発明が「フラワースタンド」として１９２７（昭和２）年に権利化されています。

第2章

知財の話題いろいろ

●北山村の観光筏

２０１４年2月11日「第10回国内観光活性化フォーラム・イン和歌山」が開催され、ビッグホエールとビッグウェイブ合わせて1万人の大イベントとなりました。和歌山県の観光を盛り上げるために、二階俊博衆議院議員を中心にキャンペーンが繰り広げられ、全国から和歌山に大勢来てくれた観光祭典でした。和歌山県には、観光筏下りとじゃばら果実で有名な飛地の北山村があります。その北山村の観光筏は１９８６（昭和61）年に私の事務所で特許（特公昭61－４５５９７）を取得する手続きを行い、めでたく特許を取得しています。その特許の技術は、七連

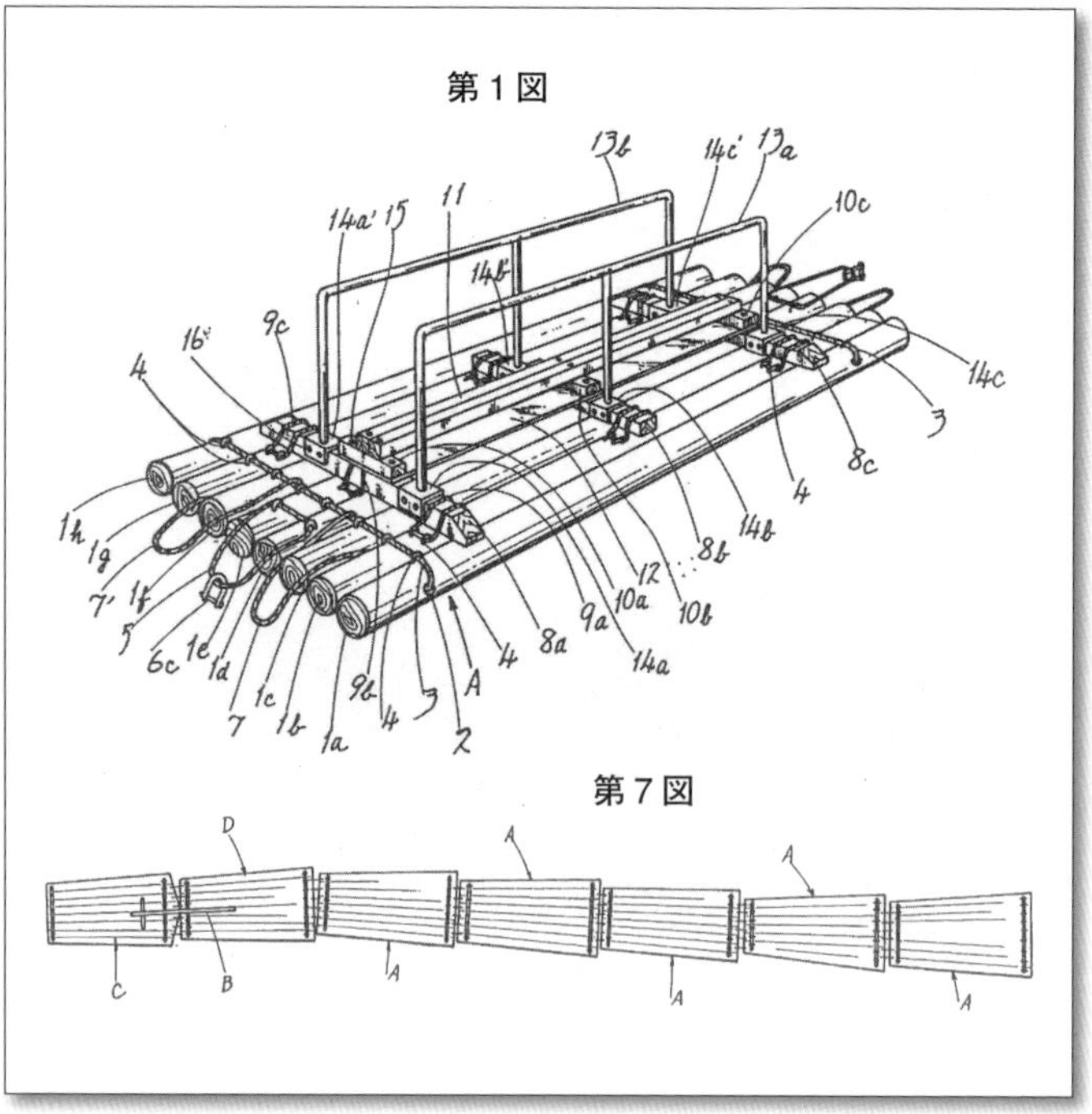

北山村の観光筏
［特公　昭61－45597］

の筏を上流から観光客を乗せて下りますが、材木を運搬する筏と違って、下流迄達すると、また元の上流に戻さなければなりません。七連の筏を素早く一連ずつバラバラにしてトラックに積んで運搬し、素早く組み立てます。この組立と分離する構造が特許となっているだけではなく、観光客が立って乗船する時の手すりも組立と分離を素早く行わなければなりませんが、この構造も特許となっています。

●永久機関は特許されるか

水を高い所にモーターで揚水し、その水の落下力で水車を廻し回転力をモーターに伝え、そのモーターがポンプを駆動して再び落下した水を高い所に揚水する、その揚水された水の落下力でまた水車を廻す…と、これを繰り返すと永久にモーターは回転を続ける…。このような発明を永久機関とか永久運動というが、もちろん地球上では不可能なことであるにも係わらず、毎年特許庁への出願が多くあると聞きます。私も数度そのような出願の相談を受けたことがあり、理論上不可能であることを話すと「あんたはこんな画期的な発明を理解できないのか」と毒づかれたことがあります。この発明は自然法則を利用していないばかりでなく、産業上の利用も出来ないのですが、地球上の産業廃棄物をロケットに載せて打ち上げ太陽にぶち込むような発明は特許になるでしょうか？　あるいは火山の中腹に穴を開けて産業廃棄物を打ち込んで燃焼させてしまう発明は特許になるでしょうか？

●東京特許許可局？

早口言葉で「トウキョウトッキョキョカキョク（東京特許許可局）」というのがあるために、特許庁の中に「許可局」があると思われがちですが、そんな局は存在しません。そもそも特許庁が経済産業省の1つの局に過ぎないのですが、巨大な「局」なので「庁」という外局として存在します。その特許庁の組織は審査部と審判部それに総務部があり、審査部は審査一部～審査五部があって、一部は主に商標と意匠を審査するほか方式審査、登録関係全般を管掌しています。二部～五部は技術分野ごとに分かれており、二部は農水産、事務機器関係、三部は機械関係、四部は化学関係、五部が電気通信関係を審査しています。総務部では特許行政のほか国際関係、公報関係、会計を管掌しています。審査部にはそれぞれに部長、上席審査長、審査長のほか上席総括審査官、先任上席審査官、上席審査官、審査官、審査官補が序列に従って審査を担当しています。審判部は部長のほか審判長、審判官が審理にあたっています。

●専売特許

自分が独創的に考えたことを、人はよく「俺の専売特許や」と言うことがあります。しかし特許制度に専売特許というものはありません。但しこの言葉が使われることになった根拠は明確に存在します。1885（明治18）年4月18日に我国に初めて特許制度ができたとき、法律の名称が「専売特許条例」とされたため、今日まで130年「専売特許」という呼称が残りました。この法律を制定したのは、海外に渡って特許制度を学んだ後の総理大臣である高橋是清翁ですが、残念ながら二・二六事件で暗殺されました。因みに実用新案制度は1905年、意匠制度は1888年、商標制度も1888年にそれぞれ制定されています。尚、弁理士制度も古く1899年（明治32）に「特許代理業者登録規則」が制定され、施行されたのが7月1日であるので、その日を弁理士の日と制定して全国一斉特許無料相談会を実施したり、シンポジウムを開催しています。また専売特許条例が施行された4月

18日は「発明の日」として毎年各種行事が行われています。

●特許と実用新案の違いは?

基本的な違いは殆どありません。ある発明（考案）を特許で出願すれば特許権になり、実用新案として出願すれば実用新案権になります。それは特許庁が決めるのではなく出願人が自ら決めればいいのですが、特許法と実用新案法では保護の方法が異なりますので説明します。①審査方法が異なります。特許は審査請求手続（14万円以上の印紙税）を経て審査に着手されますが、実用新案は方式審査のみで実体審査せずに登録になります。従って同じ技術が複数登録になる事態も発生します。②権利期間が異なり、特許は出願から20年、実用新案は同10年です。③権利の客体が異なります。特許は形のあるものはもちろん形のない物、例えば物を作る方法とか、コンピュータプログラムあるいは薬品の成分のようなものは特許のみの対象であり、実用新案では出願できません。実用新案で出願できるのは形のあるもの、言い換えれば図面で形状を描くことのできる物品に限定されます。

●花瓶の新型は特許にもなる

構造的な特徴と効果があれば特許または実用新案でも登録になる可能性があります。たとえば花瓶の何処かの位置に括れを設けて活けた生花がばらけないようにした場合には、意匠的にも括れの特徴がでると同時に、その括れが実用的な作用効果を奏することによって特許や実用新案の取得も可能になります。このことは形状に特徴のある意匠では往々にして有り得ることであり、滑り止めのために工夫したタイヤのトレッドは特許・実用新案の対象であるし、その形状はもちろん意匠的にも保護される可能性があります。特に保護対象を物品の形状・構造またはその組合せとした実用新案（実用新案法第1条）の対象物には同時に意匠登録の対象になることが多いようです。身の回りに存在する物品を見渡すと、形状に特徴のあるものが多いが、その形状に実用的効果のあるものはいずれも特許・実用新案の対象と考えていいでしょう。

●ハンガーの特許権

ハンガーと言っても、洋服ハンガーから洗濯用ハンガーまで様々ですが、今回は洗濯用のものに限って説明します。特許法によりますと「特許発明の技術的範囲は、願書に添付した特許請求の範囲の記載に基づいて定めなければならない」（特許法70条）とされていますので、特許請求の範囲の記載が問題になります。特許法36条5項には「特許請求の範囲には、請求項に区分して、各請求項ごとに特許出願人が特許を受けようとする発明を特定するために必要と認める事項のすべてを記載しなければならない。」とあります。即ち、特許請求項に記載された文言の1つ1つが権利の要件になります。言い換えれば特許請求の範囲に記載された構成要件すべてを満たさなければ侵害にはなりません。例えば構成要件A＋B＋C＋Dの特許請求の範囲に対して、A＋B＋Cの構成要件の商品を製造販売しても特許権の侵害にならない事になります。具体的な例を挙げて説明いたします。

ここに示した図面は、ある物干しハンガーの特許の図面です。この特許請求の範囲の記載は特許公報から要約すると次のようになっています。構成要件A「引っ掛け手段と複数のクリップを有する枠体」、構成要件B「引っ掛け手段が向き合った位置にそれぞれ設けてある」、構成要件C「引っ掛け手段を竿にかけて枠体を水平にする」、構成要件D「引っ掛け手段を竿に側方から引っ掛けられるよ

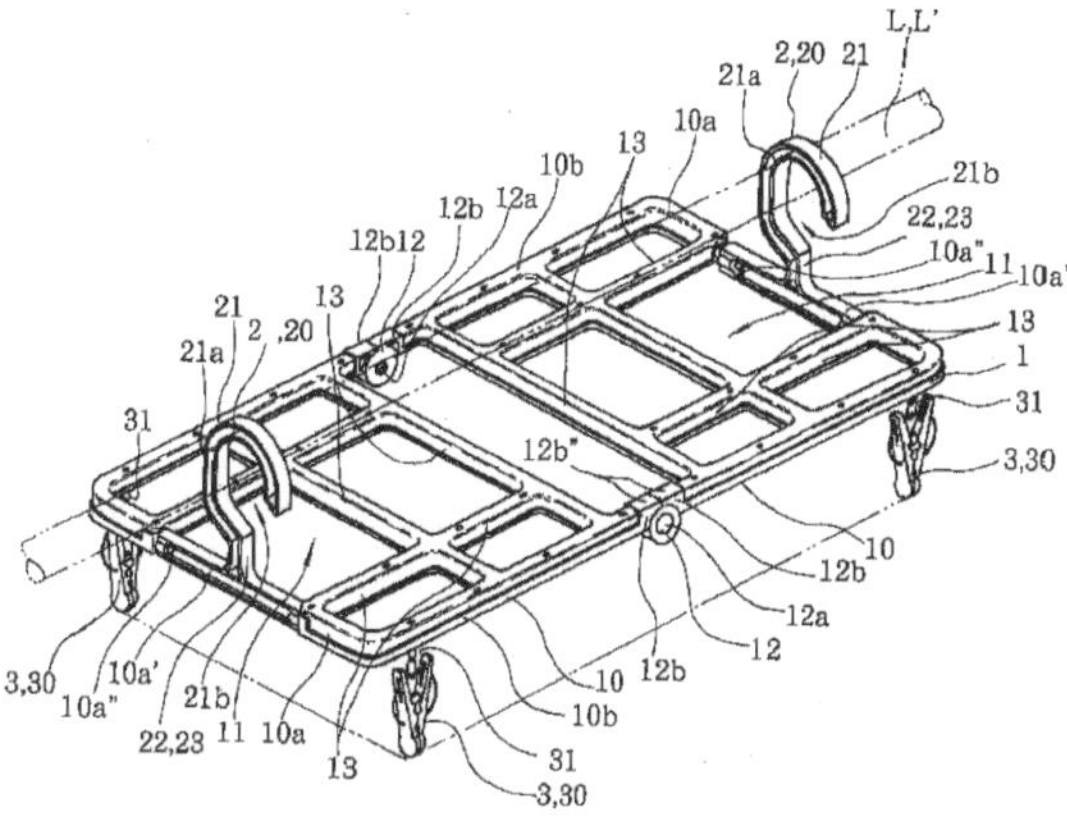

うに湾曲部を備えていること」、構成要件E「引っ掛け手段が枠体に組み付けている」。

●構成要件のA~Eはすべて必須要件

特許請求の範囲はA~Eの構成要件を有していますが、これはこの構成要件A~Eをすべて満たした場合に初めて発明として成立するわけですから、一つでも構成要件を欠けると発明が成り立たなくなり、その特許を侵害しないことになります。構成要件Eは「引っ掛け手段が枠体に組み付けられている」となっていますので、引っ掛け手段（フック）が直接に枠体に組み付けられず、鎖または紐を介して枠体に取り付けられている場合は権利侵害とはなりません。また構成要件Dは「引っ掛け手段を竿に側方から引っ掛けられるように湾曲部を備えていること」となっていますので、たとえ構成要件Eの「引っ掛け手段が枠体に組み付けられている」としても構成要件Dを外して湾曲部を備えない、円形または挟み式等の引っ掛け手段にすれば権利侵害になりません。このように、構成要件を一つでも外すことが特許権の侵害にならない方法です。

●構成要件の外し方

ハンガーの特許について更に敷衍しますと、1つのフック（引っ掛け手段）を四隅に鎖で支持したハンガー、フックが向き合った位置にないハンガー、枠体にフックが設けられていないハンガー等はそれぞれ権利侵害にならないことになります。この理論はハンガーに限らずすべての特許の構成要件に該当します。構成要件を外すだけではなく、変更して元の特許と異なる作用効果が生じる場合にはもちろん権利侵害になりませんし、その変更した構成要件によって新しい特許を取得できる可能性もあります。例えば枠体の中央部に大きなフックを設けて、そのフックを起倒自在に構成したときは、フックが一つでしかも起倒自在にしたことによって、竿に掛けられやすく且つフックが一ヵ所で邪魔に成らない等の効果により特許性があると判断できます。いずれにしても構成要件をどの様に変更または外すかの智慧を出すことにより、権利侵害を免れるだけではなく、新たな特許も生み出すことがあると言うことになります。

●特許出願の審査請求料を25％値下げ

２０１１年１月始めに特許出願の審査請求料を25％値下げするとの特許庁の発表がありました。一気に25％も値下げするようなものは身の回りにあまり無いのですが、特許に関する印紙税についてはしばしばこのようなことが引き起こされています。30年前には商標の出願印紙税が2，０００円から12，０００円に、何と一気に6倍に引き上げられたことがあります。今回25％引き下げると発表された印紙税は、6年前に2倍に引き上げられ、その印紙税は何と18万円以上になり、中小企業の出願インセンティブが一気に萎えてしまったものです。そこで数年前から引下げして元の金額に戻すように我々弁理士は特許庁に働き掛けたのですが、そこは天下の霞が関のお役所です。面子を重んじてなかなか引下げに応じなかったのですが、この不況、やっと重い腰を上げて我々の要望の半分の引下げにしようとしているのです。即ち、20万円近い審査請求印紙税が14万円前後になるのですが、出願マインドを取り戻すにはやはり半額の10万円以下にしなければなりません。

●中国新幹線技術の特許出願

最近、中国が新幹線技術の特許出願を、アメリカをはじめヨーロッパなどに出願したということが騒がれています。この報道は驚き以外の何物でもありません。特許出願した技術内容が明らかにされていませんので、詳しくは論じられませんが、もともと新幹線の技術は日本の川崎重工をはじめとした日本のメーカーの技術であり、その技術指導を受けて中国の新幹線は完成した筈です。その技術は50年も前の技術であり、特許出願できる技術ではありません。もちろん新しい技術開発があったとしても、少なくとも中国のオリジナル技術ではないと思われます。それを中国の国営企業が開発したかのように他人の技術を冒認して特許出願するとは呆れます。それは14億の民と世界第2位の経済大国の誇りも矜持もない恥ずかしい行為です。しかし中国はもともと日本の企業や欧米の企業の知的財産権を侵害して経済大国になった国ですから、今更非難しても仕方ないのですが、このような国が日本の一衣帯水にありウロウロするのは甚だ迷惑です。

●サトウの切り餅

独身者には絶対的な味方「サトウのご飯」の佐藤食品工業（被告）が越後製菓（原告）と特許の

一騎討ちを演じていました。事の発端は原告が所有する特許第4111382号（餅、2022年10月31日まで有効）を被告が侵害したとして、東京地裁（特許の訴訟は東京地裁と大阪地裁に限定されている）に15億円の損害賠償を求めて提訴したのです。原告も被告も業界2位1位の大手であるだけに注目されていますが、2010年11月に出た東京地裁の判決は、被告は原告の特許を侵害していない、ということです。勿論この判決に原告は納得する筈もなく、直ちに知的財産高等裁判所に控訴しました。そして、2011年9月7日に知財高裁の飯村敏明裁判長によって中間判決が出されたのですが、その結論は被告が原告の特許を侵害する、というもので、地裁の判決と逆の結果です。なぜ2つの専門裁判所が全く逆の判断を下したかと言うと、その原因は特許明細書に記載されたクレーム表現の曖昧さにあります。

クレームの文言に問題

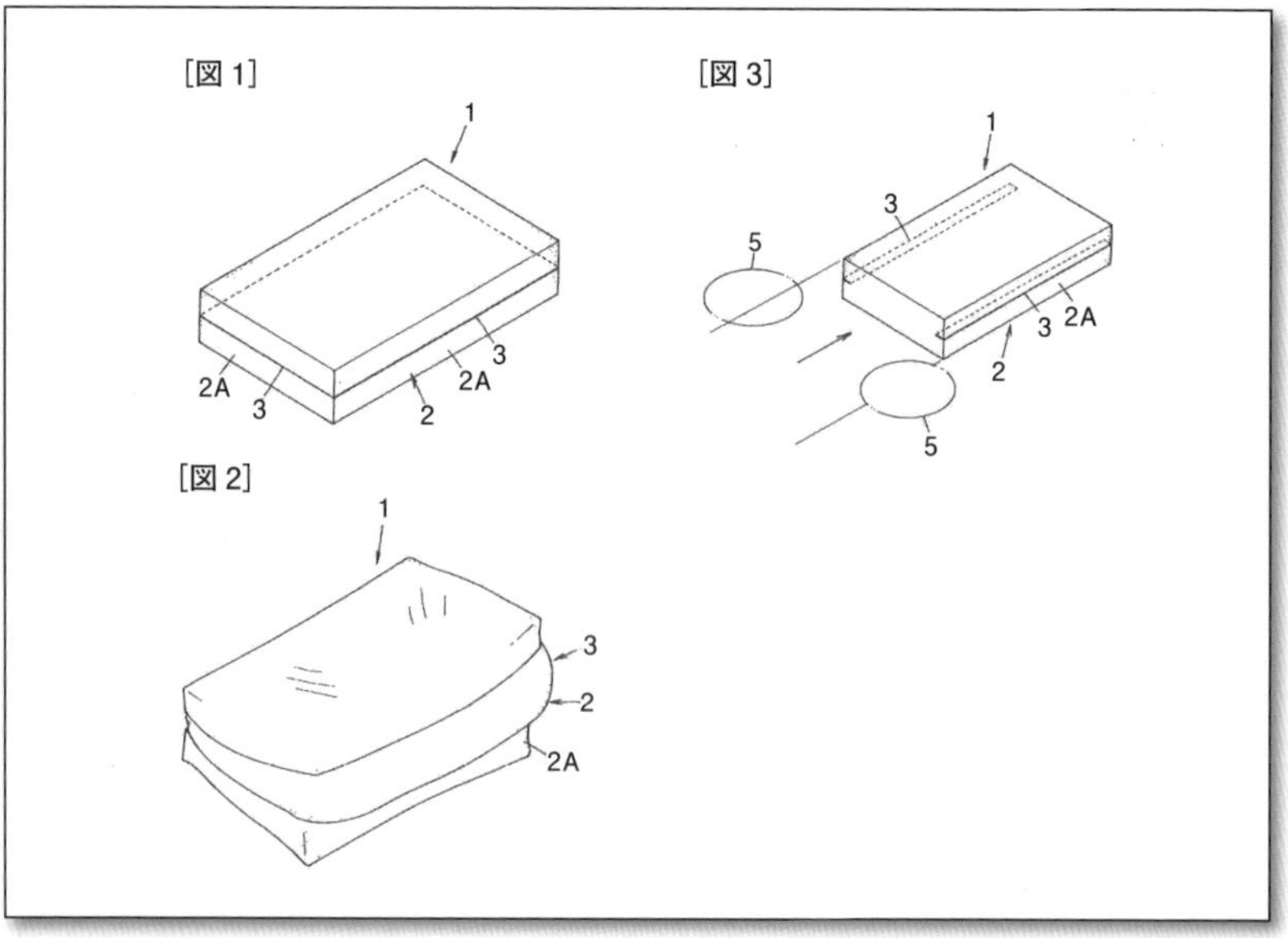

サトウの切り餅
[特許　第4111382号]

原告は東京地裁に15億円の損害賠償を求めて被告を提訴したこと、2010年11月に東京地裁の判決は、被告が原告の特許を侵害していない、しかし知財高裁の中間判決は被告は原告の特許を侵害するとして、地裁の判決と逆の結果が出たことをお伝えしました。その逆の判決が出た原因については、原告の特許明細書に記載されたクレーム表現の曖昧さにあります。原告の特許のクレームには次の記載があります。

「…切り餅の載置底面又は平坦上面ではなくこの小片餅体の上側表面部の立直側面である側周表面にこの立直側面に沿う方向を周方向としてこの周方向に長さを有する一若しくは複数の切り込み部又は溝部を設け、この切り込み部又は溝部は、この立直側面に沿う方向を周方向としてこの周方向に一周連続させて角環状とした若しくは前記立直側面である側周表面の対向二側面に形成した…」というものです。殆ど何のことか分からない記載です。

高裁の温情判決

クレームにはまず「…切り餅の載置底面又は平坦上面ではなくこの小片餅体の上側表面部の立直側面である側周表面にこの立直側面に沿う方向を周方向としてこの周方向に長さを有する一若しくは複数の切り込み部又は溝部を設け、…」とあり、この表現の中で特に問題になるのは「…切り餅の載置底面又は平坦上面ではなく…」とあることとです。この記載だと餅の底面又は上面には切り込みを入れないことを特定している風に読めます。被告製品は上面に切り込みが入っているのでクレームに該当しないとなったのです。果して原告の権利は上面に切り込みを入れれば周面の切り込みを入れても権利侵害にならないのでしょうか。

クレームの文言は分かりやすく

原告の権利は簡単に言うと「切り餅の側周面に切り込みを入れた」ことに過ぎないのです。それを「…切り餅の載置底面又は平坦上面ではなくこの小片餅体の上側表面部の立直側面である側周表面にこの立直側面に沿う方向を周方向としてこの周方向に長さを有する一若しくは複数の切り込み部又は溝部を設け、…」なんて訳の分からない表現をするから裁判所の判決もややこしくなったのです。結局、東京地裁は「載置底面又は平坦上面ではなく」というクレームの特定を重く見て侵害しないとしましたが、知財高裁は、側周面を特定するために底面または上面ではなくという表現をしたに過ぎず、特に上面に切り込みを入れることを排除していないとして、被告は侵害しているとの中間判決を出したのです。

中間判決

知財高等裁判所で2011年9月7日に中間判決（知的財産権事件ではしばしば審理途中に裁判所の心証を示した中間判決が出される）が出ていた切り餅事件で、2012年3月22日に最終判決が飯村敏明裁判長のもとで出されました。中間判決通り特許権利者である越後製菓の勝訴となり、被告のサトウ食品工業が敗訴して、製造販売の差止のほか、在庫品および製造装置の廃棄までも認めました。そして原告側15億4千万円の賠償請求に対して約8億円の損害賠償も命じました。この事件は一審の東京地裁では原告敗訴で被告のサトウ食品工業が勝訴しています。その理由は以前に述べましたが、発明そのものには新規性があるのに明細書の特許請求の範囲の記載に問題があり、切り餅の上面に切り込みを入れる場合には権利侵害にならないような記載になっている、と言うのが東京地裁の判決です。一審の東京地裁ではそこを捉えたのですが、知財高裁は実質の発明を判断したと思われます。

●パテントトロール

２０１２年４月25日（水）の日経新聞夕刊１面トップに「特許紛争日本勢が標的」というセンセーショナルな見出しが、黒地の白抜きで踊っているのを見て驚きました。サブ見出しに「スマートフォン関連、ソニーなど大手」と書いてあるので、また中国が何をやりだしたのかと思って記事を読むと、何と相手はアメリカの会社でした。この記事によると、アメリカの特許管理会社が日本の大手メーカーを標的に、特許権侵害を理由に大金を取ろうということの様です。その構図は、アメリカの特許管理会社が、特許権を自ら取得せず、特許を持っている会社から特許権を買い取るか、または特許管理を委託されて、特許権を侵害している会社をサーチして実施料を取ろうと言うものです。この特許管理会社の特徴は、自らはものを生産せず、専ら特許権を侵害している会社のサーチと実施料の取立をすることによって成り立っていることです。２０００年になって、アメリカでは一般的になった取立の仕組みで、それが日本企業をターゲットにし始めたのです。

●日本企業もパテントトロールのターゲット

アメリカでは、２０００年に入ってパテントトロールは、通常ビジネスとして存在していましたが、日本企業を日本国内外で特許権侵害としてターゲットにし出したのは最近のようです。この特許管理会社の中でも強行派を「パテントトロール」と呼び恐れられています。「パテントトロール」というのは「パテント」（特許）「トロール」（地下の怪物、または流し網漁）の語源と言われていますが、「特許の怪物」または「特許根こそぎ漁」と訳してもいいかもしれません。何れにしても、特許権侵害を徹底的に調査して金にしようとするアメリカ的な商法で、このパテントトロールの強みは、自らはものを造ったり販売したりしていないので、相手から特許の報復の恐れのない、誠に厄介な存在です。今まで日本の大企業はお互いの権利を尊重し利用しているので、パテントトロールの問題は起こらなかったのです。

●なぜ特許を取るのか

企業や発明者はなぜ発明したものに特許を取ろうとするのか、それは特許権者と非特許権者との優位差によります。次に6つの優位差を示します。

①特許権者は特許を取得することにより自らの商品の製造及び販売を独占することが出来る②自ら製造販売しなくても、製造販売したい他人（他社）に権利の実施権（専用実施権、通常実施権、独占的通常実施権）を設定する事により特許料収入が得られる③特許権そのものを他人（他社）に譲渡して譲渡対価を得られる④他社と特許権の使用をお互いに認めるクロスライセンスを設定する事が出来る⑤他社から特許権侵害を指摘された時に、自らの特許を相手方が使用していることを指摘して、カウンターパテントとして威力を発揮する⑥特許期間20年間を独占実施することによって、特許商品が業界の標準になるディファクトスタンダードが得られる。以上の優位差により、非特許権者と比較してビジネスが優位に展開できることです。

●特許権を他人に実施させる

特許権者の優位差のうち、②自ら製造販売しなくても、製造販売したい他人（他社）に権利の実施権を設定する事により特許料収入が得られると説明しました。特許権を始め知的財産権は無体財産権ですから、誰でも権利を実施することが可能です。通常実施権は複数の実施者に設定することが出来ますが、特許権者から実施の許可を得ず無断で実施（特許権侵害）していることがしばしば発生します。しかし残念ながら、特許権者には何処で誰が無断で特許を実施しているかを容易に発見することができません。そこで特許管理会社（パテントトロール）が中間に入って活躍するのです。即ち、企業と特許権の管理契約を結んだり、倒産した企業から特許権を安く買い取って、特許権の無断実施者をサーチして、発見し次第高額な実施料を要求したり法的対応をすることになります。この仕組みによって、特許権侵害者を根こそぎ一掃する事が可能になります。

●激減した日本の特許出願件数

20世紀初頭「紙の使用量は文化のバロメーター」と言われ、紙の使用量の多さがその国の文化度の高さを示していると言われました。それから100年以上経過し、今や「ペーパーレス」の時代で、紙の使用は電子データに置き換えられ、パソコン、携帯電話、スマートフォン（登録商標）、iPad（登録商標）等が紙を駆逐し、紙や書物がCDやDVDに取って代わられています。そのCDやDVDが紙より安く販売される時代になってしまい、長年日本一の超優良企業であった王子製紙の株価が260円前後を低迷したこともあります。変遷する時代のせいなのでしょうか、それと同じ運命を辿っているのが日本国内の特許出願件数です。2014まで10年連続で前年割れという無残なことになっています。日本の特許出願件数は2001年に44万件と世界史上最大の出願件数を誇り、その後やや減って、2005年42万7千件と取戻しましたが、これを最後に毎年数万件の出願減少を来たしています。２０１０年は34万5千件、２０１４年はかろうじて32万件を確保しています。

●中国、アメリカの激増

日本の特許出願件数は、44万件あった10年前に比較しますと、30％以上の減少となります。２００１年のピーク以来ジリ貧状態が続き、遂に30万件近辺の深刻な事態になりそうです。このことは我が国が技術保護の空白地帯となり、せっかくの発明が模倣し放題（？）という悪い方向に向かっているようで心配です。一方、中国、アメリカはどうかというと、２００１年には中国8万件、アメリカ32万件であったのが、２０１１年には、中国１１０万件（特許出願52万件、実用新案58万件）、アメリカ53万件となって、日本を遙かに上回る特許出願件数となっています。その中国は２０１４年度の出願件数が１４０万件（推定）となっており、昨年の勢いが止まっていない状態です。

●サムソン（三星）の勢い

我が国の特許出願件数の減少が進むと国内の知財保護に空白地帯が出来て、外国企業が日本国内においてて自由に発明された技術を実施する可能性があります。せっかく大金を掛けて開発した技術をいとも簡単に勝手に利用されることは誠に悔しいことではありますが、今の日本はその方向にマイナスのスパイラルに落ち込み出したと言わざるを得ません。日本の大企業は国内マーケットを諦めて、東南アジアを始め世界中にマーケットを求め出したのではないかと思われます。韓国の世界一の家電メーカーである「サムスン（三星）」が韓国国内のマーケットよりも世界のマーケットに進出して世界一になったのをみて、日本の大手電気メーカーもその様な歩みを始めたと思われます。２００５年頃はシャープが液晶テレビで世界のトップシェアを争っていたのに、何故サムソンだけが生き延びて世界一になったのかを検証したいと思います。

●韓国メーカーの台頭と日本メーカーの衰退

韓国の家電メーカーである「サムスン」が何故世界一のテレビメーカーになったのか、同第二位の韓国のLG電子も世界的メーカーになり得たのか、そして日本の大手メーカー東芝、日立製作所、三菱電機は言うに及ばず、テレビでは絶対的な強さを誇ってきたパナソニック、ソニー、シャープですら、惨憺たる状況になっています。

2012年7月18日の日本経済新聞11面に「攻防知財」というシリーズものの第一回記事が掲載されました。その中で記事は「自らをファーストフォロワー（すばやい追随者）と位置付けるサムスンは、日本などから貪欲に技術や人材を取り込んできた。『技術は集めてくればいい』というのが知財戦略モデル」と書かれています。これは凄い！率直な私の感想です。弁理士は発明を上手に手続して特許にするのが仕事です。知的財産は多くの研究開発の結果生まれる技術を権利にすることで企業や国家の発展が図られます。サムスンは、技術は開発するものではなく「集めてくればいい」のです。そして世界一になったのです。

●小保方晴子さん

ガラリと方向を変えて、テレビ、新聞などのマスコミを世界中で巻き込んだ超有名、超ハイテク発明を紹介します。小保方晴子さんのあの「STAP細胞」の発明です。これについては彼女の論文が不正であるとか捏造であるとか言われていますが、実は極めて興味深い特許出願が、理化学研究所からアメリカの特許庁に出願されています。PCT出願ですから世界120ヵ国を指定国として、勿論日本も含まれています。その特許出願は原文によれば次の通りです。国際公開番号「WO2013／163296A1」（2013年4月24日、出願2012年4月24日）。発明の名称はGENARATING PLURIPOTENT CELLS DENOVO」であり、発明の概略（abstract）には次の記載があります「The technology described herein relate to methods , as says, and compositions relating to causing a cell to assume a more pluripotent state , e,g, without introducing foreign genetic material」と説明されています。

この特許出願の特許請求の範囲（クレーム）は実に74項目あり、出願書類も138頁に及びグラフと図面が51図ある大発明出願です。この74あるクレームの第1クレームは次の通りです。1.「A method to generate a pluripotent cell, comprising subjecting a cell to a stress」と記載されています。また、代表的図面には棒グラフが示されており「LOW ph」「TRITURATION」「CELL MENBRANE DAMAGE」の3点の項目で顕著な結果が示されています。最もグラフの高いのが「LOW ph」でこれはペーハー（水素イオン濃度）の低いほど酸性が高い数値を示しています。「TRITURATION」は細胞の粉砕であり、「CELL MENBRANE DAMAGE」は細胞膜のダメージで、いずれも実験結果は高い数値を示しています

●PCT出願

「STAP細胞」の発明について、英文を簡単に翻訳してみます。発明の名称は「生成多能性細胞

の再生」と訳してみます。発明の概略（abstract）は「この技術は細胞の分化による所謂多能性細胞を作成する方法を示すもので、外部から遺伝子等の要因を取り込むことなく、細胞の分化を起こして作成する方法である」。次にクレームの1.「A method to generate a pluripotent cell, comprising subjecting a cell to a stress」については「多能性細胞を作成する方法であって、細胞にストレスを与えることによって作成する」と訳しましょうか。いずれにしても、本件特許出願が日本国特許庁を指定国として出願される時に日本語の内容が明確になると思われます。

この特許出願を巡っては複雑な事情があります。２０１２年4月24日にアメリカで出願されています。その出願方式はＰＣＴ出願で、ＰＣＴ条約（特許協力条約）に加盟している世界１２０ヵ国以上を指定国として出願しています。本条約に基づいて出願すると、出願日から30ヵ月以内に指定国のうち所望の国へ移行しなければなりません。従って２０１４年10月24日迄にいずれかの国（１ヵ国又は複数国）に移行しなければならないのですが、ＳＴＡＰ細胞が存在するかどうかの理化学研究所の検証期限が11月となっています。そうすると検証結果の如何に係わらず、この米国出願をこのまま維持して日本を含めて各国に国内移行するのか、論文と同じく取り下げるのかの決断が迫られます。結局、期日迄に各国移行されませんでした。

●電柱（電柱ワイヤーの蔦ストッパー）

何気なく立っている電柱ですが、道路際に立っている電柱は通行の邪魔になりがちで嫌われものです。特に狭い道路では対向車が来ると電柱の手前で停止して、対向車をやり過ごす事が日常茶飯事であり、また電柱に衝突して事故ったり死傷者が出たりします。道路際の電柱はそれほど厄介な存在ですが、街中でも地下に電線を潜らせて電柱を廃止することが進んでいません。今週はこの街中の電柱ではなく、郊外の道路に立っている電柱の発明の話です。郊外の道路際の電柱は余り気にならないのですが、実は電柱の方で郊外は厄介な立地条件になっており、泣き所です。郊外の道路を車で走っていて目につくのは、ワイヤーが数本45度の角度で電柱の頂部から地面に向かって張られていることです。

電柱を蔦の被害から護る

日本には電柱が3,300万本程度あると言われていますが、大部分は郊外の道路沿いや山野に立設されています。その電柱に張られたワイヤーは電柱の立設が安定するために設けられたものですが、日本は山野に蔦性の植物が繁茂しており、張られたワイヤーを伝って蔦が電柱の頂部にまで達することがしばしば起こります。そうすると蔦が電線に絡みついてショートする恐れがあり、特に深い山に設けられた電柱の場合は、電柱の特定だけではなく、その場所に到着することが困難な場合があります。そこで発明されたのが、蔦ストッパーで、

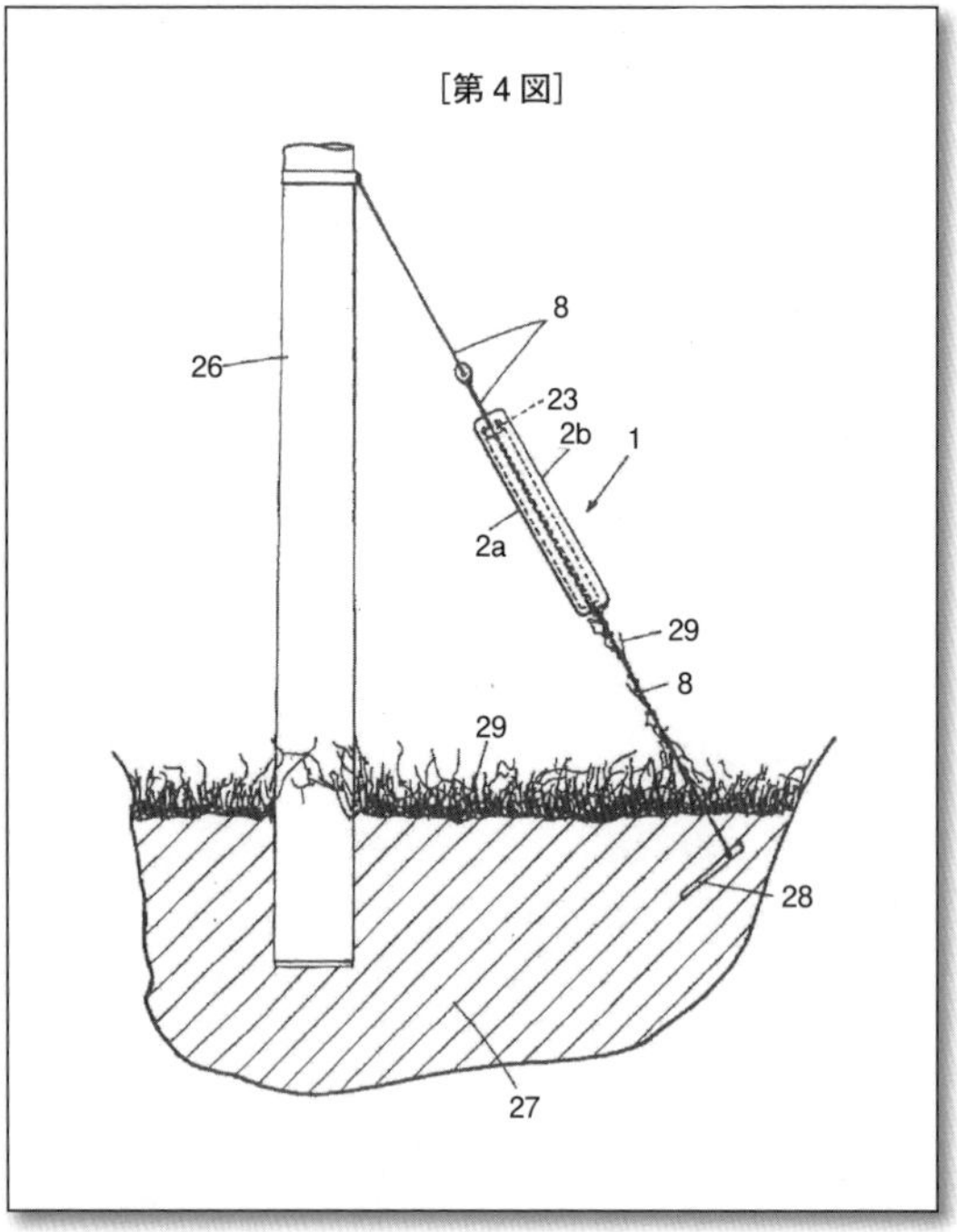

電柱（電柱ワイヤーの蔦ストッパー）
[実用新案登録　第2091114号]

直径20cm長さ2m程度の筒体です。これを長さ方向に半割にして中心部にワイヤーが貫通するようにワイヤーの中間部に嵌め込み、閉じてロックし筒体にする物です。材質は合成樹脂で表面が滑らかに加工されています。この発明のポイントは内部が2重構造になっており、外気を遮断し易くされています。山深い場所では真冬は氷点下20度位まで達し、真夏は50度近くなる温度対策です。

地裁の判断と高裁の判断

電柱ワイヤーの蔦ストッパーの権利侵害訴訟事件の第1審は大阪地裁で行われ、意外な結果に終わりました。大阪地裁の判断は、侵害者の製品は両円筒端から10cm程度内側に入った部分で遮光状態に支索に当接する構造なので、クレームの権利範囲に抵触しないという理屈で、原告敗訴になってしまいました。もちろん権利者は大阪地裁の判断に納得しませんので、直ちに大阪高裁に控訴しました。大阪高裁では、10cm程度内側に入っていても、実質それは筒の両端と見做され、被告製品は権利を逃れるための設計変更に過ぎず侵害を構成するとして、原告の主張を認める判決となり、損害賠償金額（和解）も受け取ることに成功しました。このように地裁と高裁で全く逆の判断が出されることは時々あります。その理由は、それほど特許の権利範囲の認定は難しいということです。明細書を作成する弁理士も、侵害者がどの様な設計変更で模倣してくるかを想定して、容易に模倣されない強い権利を取得しなければならないという事例です。

●タマネギを数個収納した茶色のネット

スーパー等でタマネギを数個収納した茶色のネットを見ることが多いかと思います。このタマネギネットに実用新案権があり、和歌山地裁で3年にわたって大訴訟になった経緯があります。

そのタマネギネットの実用新案権は次の通りです。実用新案登録番号は１９４６５１２号（１９９２年12月24日登録）と、かなり古いものですが、実用新案登録請求の範囲は「中低圧ポリエチレン樹脂製糸の網袋に、その外側から中低圧ポリエチレン樹脂よりも熱溶融点の低い線状低密度ポリエチレン（Ｌ‐ＬＤＰＥ）樹脂製フィルムをもって製したる商品表示標を重合し、この商品表示標の外側から所定の個所を特定の温度をもって加熱加圧し、商品表示標の当該個所は溶融するが袋網を編成してなる中低圧ポリエチレン樹脂製糸は一切溶融しないで商品表示標を袋網に溶着してなることを特徴とする包装網袋」というものです。（Ｌ‐ＬＤＰＥ）は「リニアローデンシティポリエチレン」の略で熱溶融点の低い事が特徴の材質です。

一切熔融しない

簡単に分かりやすく述べますと、ネットを構成している糸よりもラベルの材質の熱溶融点が低いので、ラベルが溶融する程度の熱を掛けると、ラ

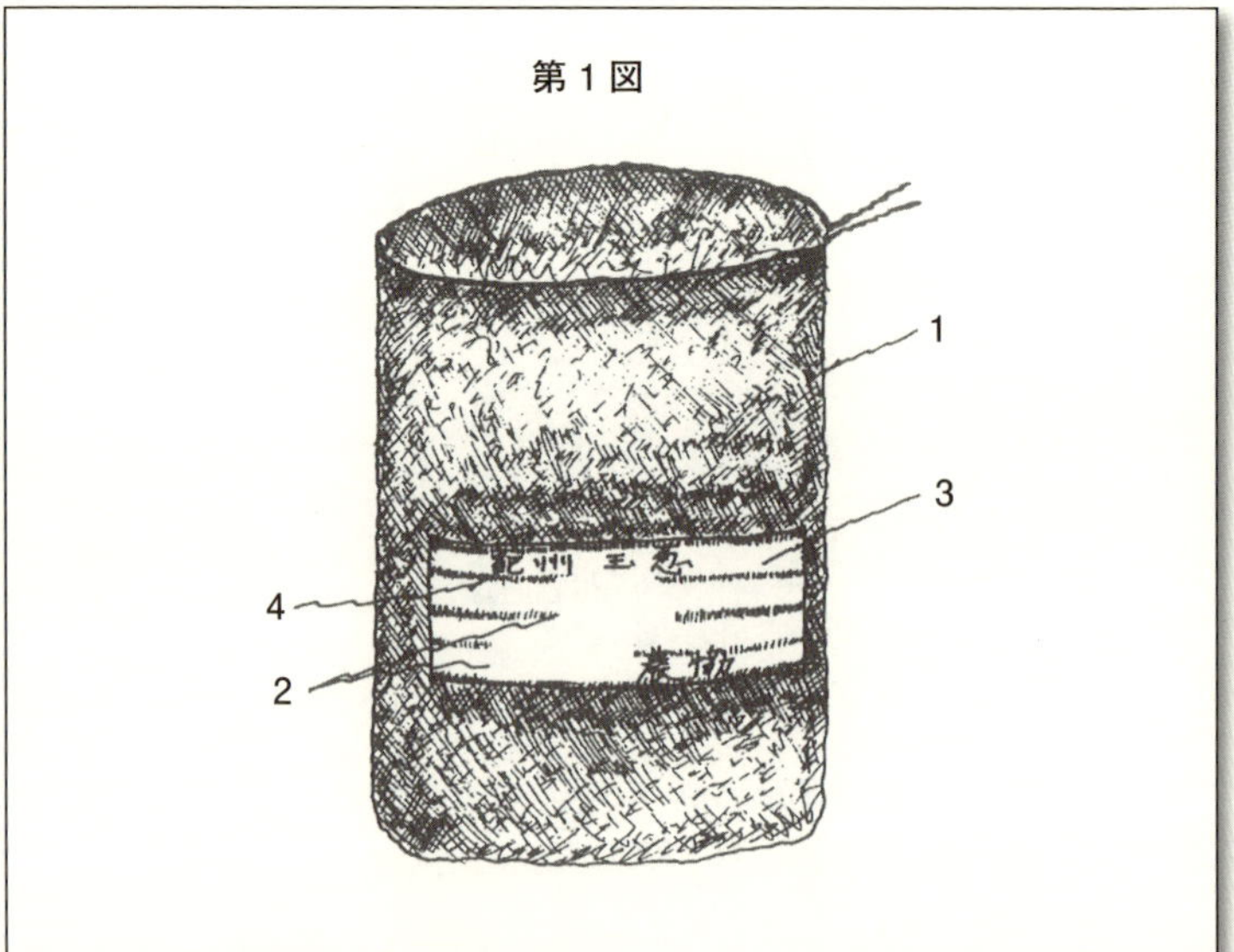

タマネギを数個収納した茶色のネット
[実用新案登録　第1946512号]

ベルだけが溶けてネットは融けないけれども、ラベルはネットに融けて確り貼り着くという技術内容です。ネットを構成する糸は中低圧ポリエチレン樹脂であり高密度であるので、低密度のL－LDPE樹脂製フィルムよりも溶融点が高い事が特徴で、その温度差は40度～50度くらいあります。従ってラベルが溶けても糸は溶けない事になるのですが、ここで大訴訟になったのは、侵害者の製品は顕微鏡レベルで糸は融けているが、本件実用新案登録請求の範囲の「…中低圧ポリエチレン樹脂製糸は一切溶融しないで…」の記載中「一切溶融しない」とはどう言うことなのか、目視では融けていないけれども、顕微鏡で見ても融けていないのか、更に分子レベルでも融けていないのかという争いに発展したのです。

和歌山地裁

タマネギネット事件は和歌山地裁で審理されました。事件が起こったのは2000年ですので、当時の民事訴訟法では、大阪地裁と東京地裁に限らず全国の裁判所が特許訴訟の管轄だったのです。和歌山地裁は特許訴訟が殆ど無いので不慣れであるため、裁判官は随分困られたと思いますが、一方で随分勉強もされたと思います。「一切溶融しない」を巡って争点は2つありました。1つは被告である侵害者の製品のネット糸はどの程度融けているのか、2つ目は原告所有の権利に表現された「一切」とはどのような状態なのかと言う争いです。侵害者は糸が出来るだけ融けている製品を証拠として提出する一方、権利者は事前に押さえていた侵害者製品を証拠提出したのです。この両証拠品について、裁判所は学者や民間検査会社の鑑定を採用する判断をしました。鑑定には神戸大学の中前勝彦教授の鑑定があり，中前先生は証人としても出廷されましたが、「一切」の意味については教授も苦渋の色を見せておられました。

大阪高裁の判断

タマネギネット事件の「一切」について、「全く」「全然」「完全」「絶対」等の表現が飛び交い、結局、目視では勿論、顕微鏡レベルでも融けていない、と言うことで決着しました。しかし肝心の侵害品（イ号商品）がどの程度の溶融であるのか、証拠によって分かれました。鑑定の結果、常識的には一切融けていないと判断され、判決は、被告は原告（権利者）に約４０００万円の損害賠償金を支払え、ということになりました。もちろん被告は直ちに大阪高裁に控訴しましたが、大阪高裁にはネット糸が溶融している証拠が提出され、充分に審理を尽くさず原告（控訴審被告）の敗訴となりました。和歌山地裁で3年半もかけて20回以上も審理したのに、高裁では4回弁論を開いただけで判決が出され、それも被告（控訴審原告）の都合の良い製品を証拠提出したものを、そのまま採用したその判断には些か驚きました。この事件で、ネットの糸が融けていないのにどうしてラベルが貼り付くのかが議論になりました。

ファンデルワールス力（りょく）

このタマネギネット事件では「一切」が争点になりましたが、明細書を作成する弁理士の立場からすると「一切」と言わず単に「ネット糸は融けず」程度にしておけばよかったのに、と思われます。ところでネット糸は一切溶けていなくて、ラベルだけが融けてどうしてネットにラベルが貼りつくのかが別の争点にもなりました。これは殆ど聞かない用語ですが、「ファンデルワールス力（りょく）」によって説明がつくようです。オランダの物理学者で分子間力の解明で有名なノーベル物理学賞受賞学者ファンデルワールス氏の説によると「2つの中性の安定な分子間にはたらく力。特に遠くまで届く弱い引力部分。水素や二酸化炭素の液化・固化の際に働くのはこの力である。分子間力。」（講談社刊『日本語大辞典』より）とのことです。あまりよく理解できませんが、要するにファンデルワールス力によって、一方が溶融しておれば他方が溶融していなくても両者は接着するという事だけは理解できそうです。

意匠 Design

●花瓶の形は意匠権で

今までにない花瓶の面白い形状を考案した場合、知的財産権はどの様に対応するのか。産業財産権関係では特許、実用新案、意匠のどれでも対応できますし、それが芸術的な陶芸品であれば著作権での保護も考えられます。意匠権の登録要件は特許や実用新案とほぼ同じですが、保護対象が外観の形状であり、模様、色彩も加味されますが、内部構造とか、特許・実用新案に求められるような実用的な作用効果は必要ではありません。その代わり意匠法では登録要件に「工業上利用できる」ことと「審美性のある」ことが求められています。工業上利用できるとは量産されることが可能である工業品ということで、量産されない建造物でも権利になる特許や実用新案とは異なります。審美性とは「視覚を通じて美観を起こさせるもの」と定義されています（意匠法2条1項）が、美観は人それぞれによって異なるのでこの要件は有名無実と言えるでしょう。

●意匠権とはどんなもの

意匠は物品の形状・模様・色彩またはそれらの組合せが権利の対象ですが、物品と切り離して単なるモチーフのみを登録することはできません。すなわち物品とともに意匠は存在します（物品に化体する）ので、例えば可愛いキャラクターを創作した場合、それを文房具のデザインとして使用するときは特定の文房具、例えばペンケースとかノートとかの物品に特定して権利を取得する事になります。物品を離れてその可愛いキャラクターのみを意匠権で押さえることは残念ながら出来ません。但しそのデザインによっては著作権の主張が可能かもしれません。いずれにしても同じデザインでも物品ごとに意匠権を取らなければなりませんので、少し厄介なところがあります。また意匠権は正投象図法により物品の六面図（正面図、背面図、平面図、底面図、左右側面図）や参考斜視図によって登録されるので、特許や実用新案のように請求範囲を文字で示すことができない、いわゆる「もの言わぬ臓器」であり、意外と権利範囲の認定に手こずることが有ります。

●意匠権の類否判断は

知的財産権の重要なものの1つに意匠権がありますが、この権利の特徴は物品の外観の美観であって、構造や材質それに大小等は殆ど無視されます。意匠権は登録された権利の判断は6面図のみであって、どこからどこまでが権利であるという説明はありません。一般的には過去にどの程度の同じ物品の先行登録意匠があるかを調査して、その登録意匠から類否判断を探ることになります。判断は主観的になりがちであり、裁判所における裁判官の判断も、原告・被告双方ともどれだけ多くの先行登録意匠をもとに合理的な判断をしているかに掛かっています。最近は僅かな違いでも登録意匠が許可されることがあり、権利範囲の幅が狭くなりつつあるようです。特に世の中に無かったような新物品でない限り、細かい判断により類否を決めなければなりません。ポイントは消費者が類似品と判断して彼此混同を生ずることがあるかどうかです。

●離隔的観察と対比観察

意匠の類否判断は特許や商標よりも困難であり、需要者が彼此混同を惹起するかどうかが類否の重要なポイントとなります。一般的には意匠の類否判断には物品混同説（需要者の混同）と創作説（意匠創作者の判断）があります。物品混同説の判断としてしばしば行われる手法が離隔的観察手法と対比観察手法ですが、前者の手法には時間と場所が要件としてあげられます。たとえば今日の午前に和歌山近鉄百貨店である物品を見て、その日の午後に同じ物品を難波の高島屋で見たとしましょう。そのときに、近鉄で見たものと高島屋で見たものが多分同じか同じ業者の物と思ってしまう場合は類似、業者の違う物品と思えば非類似と判断されます。後者の手法では両物品を手に取って比較して、相違点が明瞭であると判断する場合には非類似と判断し、要部（意匠の特徴的な部分）が結構似ているなと思うときは類似であると判断します。弁理士が行う類否判断は離隔的観察、対比観察、創作者判断等を総合して結論を出します。

●物品が違えば意匠も非類似

弁理士が意匠の類否判断をする基準について、物品混同と意匠創作および物品の共通した美観について離隔的判断および対比観察を行いますが、具体的には物品の類否と意匠（デザイン）の類否の相互関係が重要になります。物品の類否とは機能と用途の違いによって決まります。同一物品で機能が違っても用途が同じだと類似物品となります。デザインの類否は需要者が同じか類似と思うか、または否類似と思うかが重要です。物品が類似でデザインも類似は両者類似、物品が類似でデザインが否類似は両者否類似、物品が非類似でデザインが同じは両者否類似、物品が否類似でデザインも否類似は両者否類似となります。例えば物品が筆記用具の場合、水性インクまたは油性インクによって機能が異なりますが用途は同じです。この場合、両者は類似物品となり、筆記具の形状や模様のデザインの類否のみが意匠の類否の基準になります。毛筆の場合はどうでしょうか。当然機能も異なりますが用途も全く異なると考えられるとすれば否類似物品となります、が毛筆とボールペンが非類似物品かどうかは議論の残るところでしょう。

●ウェブデザインに意匠登録

２０１２年3月特許庁がアドバルーンを上げた「ウェブデザインに意匠権」という報道について説明します。特許庁は行政として実施しようかどうか迷っているときに、新聞に報道させて国民世論の反応を見ることがしばしばあります。今回の報道は必ずしもアドバルーンとは思えない節もありますが、実現はかなり先のことです。我が国の意匠権が獲得できる意匠法の規定は、目に見える立体的な物品で、その物の形態が安定していることが前提になっています。従って、特許庁に意匠登録出願する際の必須要件として、6面図を提出しなければなりません。物体（物品）は6面から見れば全て特定できるからです。例えばサイコロを見てください、1～6の数字が有りますが、これは6面に1～6の数字を一個ずつ入れて6面を構成しています。即ち、物品の正面、背面、平面、底面、左側面、右側面の6面から見た図面を提出しなければなりません。しかし今回報道のウェブデザインは立体的な形状の物品ではないので、実施するには法律を改正しなければなりません。

●アイコンの意匠

ウェブデザインに意匠権は、具体的には次のような物が保護の対象となるらしいと言うことです。先ず、パソコンやスマートフォンの画面上のデザイン、次に個々のアイコン、基本ソフトの操作画面、ゲーム画面などですが、これらは今まで著作権の対象物だったわけです。これらを意匠権の保護の対象とするためには、意匠権の国際出願制度を定めたヘーグ協定（出願時一度に世界各国に同時手続ができる制度を決めた条約）に加盟することが前提であり、次に国内の意匠法を改正する必要があります。既に韓国や欧米ではこれらの対象を意匠登録として保護しているので、その後追いとなって、日本特許庁の後手後手政策が問題になりそうです。このコラムで何回か述べたアメリカのアップル社の壁紙やアイコンデザインを韓国のサムスンが模倣したとして、世界各国で訴訟合戦を展開していますが、これもｉＰａｄやｉＰｈｏｎｅが携帯端末機を遙かに凌ぐ勢いで伸びて来たことに他なりません。

商標
Trademark

●「ひこにゃん」を巡って

知的財産権に絡む紛争事案とか、裁判の話題をこの章では取り上げて解説したいと思います。最初にゆるキャラ「ひこにゃん」の著作権を巡る話題に触れましょう。最近は、どこの自治体も独特のキャラクターを創って町起こしをするのが流行っており、奈良では「せんとくん」「まんとくん」、三重県伊賀市では「いが☆グリオ」、岐阜では「サーラちゃん」、松本市では「まつもと嬢」、福岡市では「グリッピ」、北海道では「まりもっこリ」、夕張市では「夕張夫妻」、群馬県館林市では「とうひょうくん」と、まあざっと10キャラクターは直ぐに上げられるほど沢山有ります。このうち、最も人気のある「ひこにゃん」を巡っては、著作権者と彦根市が裁判沙汰になり、ゆるキャラ「ひこにゃん」のイメージダウンになったような気がします。裁判の結果は彦根市が敗訴ということになりました。結論は彦根市の著作権に対する甘さが原因であったと思われます。

●「ひこにゃん」訴訟

彦根市が敗訴した「ひこにゃん」訴訟の事案は次の通り。彦根市が「ひこにゃん」のキャラクターを、平面ではない立体の商品に対して業者に使用させたことが発端です。しかし少し奇異な感じがするのは、キャラクターを立体の商品に使用するのは、ごく一般的なことと思われるからです。ところが事実をよく見ると、彦根市と「ひこにゃん」の原作者との間の協定で平面的な「ひこにゃん」の図柄使用を認めたことになっており、それも3パターンの使用のみを認めており、立体は認めていなかったことです。この裁判は原作者が彦根市に立体グッズの使用中止を求めたのに対して、彦根市も原作者に対して「ひこにゃん」に類似するグッズの販売を中止する仮処分を申し立てたものです。結果は彦根市が敗訴になり原作者の販売を止められなかったばかりか、彦根市が業者に立体グッズの製作を許可することが両者の協定に違反するとして敗訴したものです。

●「どん兵衛」名称係争

２０１１年3月の始めにインスタントラーメンで有名な日清食品の即席麺の商標「どん兵衛」と同一の名称でうどんのチェーン店を展開していた山口県萩市の「どん兵衛」が、２０１１年2月28日に営業を停止し自己破産の準備に入ったと報道されていました。この事件は日清食品がうどんのチェーン店に「どん兵衛」の名称を使用しないよう申し入れて、両者の間で係争になっていたものです。うどんのチェーン店「どん兵衛」は1979（昭和54）年の創業で、大型ショッピングセンター等に麺類や寿司を安価に提供して人気がありました。一方の即席麺「どん兵衛」は2001年に商標出願して2002年に商標登録第4593511号として登録になったものですが、チェーン店よりも遙か後に出願したにも係わらず、先に同一の名称で営業をしていた方が負けたものです。この理由は2つあります。1つはうどんのチェーン店が役務商標として登録していなかったこと、もう1つは短期間に麺類の方が有名になり日清食品の即席麺と混同を引き起こすことになったことです。

●近隣諸国での日本商標無断登録出願問題

最近、韓国国内で日本の企業（中小企業を含む）の使用している商標（日本国内では登録されている）を無断で登録出願して、日本企業がその商品を韓国に輸出できなくなるケースが相次いでいます。韓国で出願されてしまった商標の対策としては3つの選択肢が考えられます。1つは商標を変えてしまうこと、2つ目は交渉で取り返すこと、3つ目は法的に対応することです。1つ目の商標を変更することは簡単そうですが、日本国内でその商標で業務が走り出していると容易に変更できない恐れがあります。2つ目の交渉ですが、相手が善意の場合は簡単ですが、悪意の場合は目の玉の飛び出るような金額、例えば1商標1000万円を請求してきたケースもあります。3つ目の法的対応ですが、相手が韓国の代理人である場合および日本国内である程度の周知商標の場合は、パリ条約によって当該商標登録を無効にすることができることになっています。しかし代理人でなく、周知でもない場合は法律上の無効は困難になります。

●中国で日本の府県名まで商標登録

無断登録の本家は中国であることは万人の認めるところです。「和歌山」「青森」を始め日本の府県名が30府県に及ぶ数の登録がされていることが最近の調査で判明しています。中国の商標法も日本と同じく地名は登録出来ないことになっていますが、最近中国の弁理士に確認したところ、中国では日本の著名都市名はいざ知らず、府県名に至っては地名と認識していない、と回答が有りました。居直り発言とも思われますが、そう言えば、我々も中国の省名は知っていても何百とある中国の県名は殆ど知りません。ただ日本の特許庁は地図に出て来る地名を網羅した地名辞典を持っていて、そこに掲載されている地名は全て拒絶の対象にしています。最近ではインターネットを駆使して地名とおぼしきものは全部拒絶の対象にしているようです。またインターネットの検索で日本のどこかで使用されている商標については、登録の有無に係わらず商標法４条１項７号（公序良俗違反）で拒絶しているようです。

●日本の著名な酒の名称も登録商標

無断登録の本家の中国では、「和歌山」や「青森」の県名以外にも次のような出願事例が見られます。特に目立つのが日本酒の銘柄の無断出願です。例えば日本でも著名な新潟の銘酒「越乃寒梅」や「八海山」「南部美人」、そして同じく新潟の独特のさらっとした私の好きな「上善如水」、兵庫の銘酒「桜正宗」、広島の著名な「賀茂鶴」、熊本の銘酒「美少年」「玉の光」、更に焼酎で有名な

「隠し蔵」等、その無断出願は止まるところを知らず、何れも出願が個人であるところが問題です。個人の場合は自分がその出願して登録になった商標を使用する為ではなく、中国に輸出しようとする日本の業者に、その登録した商標を高額で売りつける商法の為です。日本で周知著名な上記の商標も中国では未だ殆ど知られておらず、従って中国の特許庁では出願されたそれらの商標は拒絶しないで登録される恐れが高い。中国に商品を輸出しようとする業者は事前に商標登録が肝要です。

●「和歌山ラーメン」は商標登録できない

和歌山ラーメンは全国的なブランドですが、商標登録している業者は無いはずです。誰か出し抜いて登録すれば大きな財産となる…とはいかないのです。商標法では3条1項3号によって商品の生産地、販売地の名称は誰でも使用できることが必要であり、特定の業者に独占させることは社会通念上よろしくない、と言うことになっています。従って地名である「和歌山」の文字と商品の名称である「ラーメン」のみの商標は登録できないのです。但し、和歌山の文字の他に識別力のある文言を付加した場合はこの限りではありません。例えば「和歌山黒潮ラーメン」、「燦々和歌山ラーメン」、「和歌山ラーメン三昧」とか「和歌山ラーメン街」のように別の文言を付加すれば登録の可能性があります。しかし、その付加する文言が問題であり、「和歌山美味ラーメン」、「和歌山特製ラーメン」等は登録の対象になりません。

●和歌山花ラーメン」は商標登録できる

「和歌山美味ラーメン」「和歌山特製ラーメン」「和歌山健康ラーメン」は登録にならないが「和

歌山黒潮ラーメン」や「和歌山花ラーメン」は登録の可能性があります。「和歌山」の文字の他に識別力のある文言を付加すると登録になりますが「美味」「特製」「健康」の文言は、識別力のある文言ではなく、商標の品質や効能に過ぎません。従ってこれらの文言を付加しても出所が誰の商標か不明ですし、産地・販売地と同じく、特定の業者に独占させることは大きな弊害が生じます。商標法は第3条1項3号に、その文言と商品名のみの場合の商標は登録出来ないとして次の場合を規定しています。「その商品の産地、販売地、品質、原材料、効能、用途、数量、形状（包装の形状を含む）、価格若しくは生産若しくは使用の方法若しくは時期又はその役務の提供の場所、質、提供の用に供するもの、態様、提供の方法若しくは時期を普通に用いられる方法で表示する標章のみからなる商標（一部省略）」は登録できないと規定しているのです。

●地域ブランドの登録

商標法の改正で、従来存在した団体商標の特例を設けたもので、「地域名称（地名）＋商品名」が登録の対象になります。「和歌山花ラーメン」は誰でも登録の可能性がありますが、「和歌山ラーメン」は地名＋商品名にすぎませんので現在の商標法第3条の規定では登録出来ません。法改正では、団体、即ち組合法人を組織して関係業者の半分以上がその組合に加盟していることが立証されれば、地域ブランドとして登録の可能性があります。その他に要件としては、和歌山県のみならず近隣の府県にまである程度周知であることが必要です。従って、他府県では誰も知らないような地域ブランドは登録にならない恐れがあります（注）。地域ブランドが普通名称化している場合も登録の可能性は弱いと思われます。例えば「荒川の桃」というのは普通名称と地域ブランドのボーダー的位置にあると考えられます。地域ブランドは農産物に限らず、工業製品でも生産地の名称が知られたものであれば登録になる可能性が有ります。

（著者注　２０１５年から、組合のみならず商工会議所、商工会、ＮＰＯ団体も登録主体になることができるようになりました。）

●立体商標

少し古い話ですが、２０１０年11月16日に知的財産高等判所（特許とか著作権等の知的財産権関係の控訴審裁判所、２００５年に設立）でヤクルトの容器が立体商標かどうかの判決が出ました。判決は立体商標を認めるというものです。ヤクルトの本件商標出願は実は2度目で（商標は特許出願、実用新案出願、意匠出願と異なり、何度でも出願することができます）、最初の出願では敢えなく拒否されています。２度目に成功したのは需要者のアンケート調査で殆どの人が容器を見せたところ、「ヤクルト容器」と答えた結果に因るところが大きいと思われます。立体商標は容器その物に権利が発生するのではなく、その立体容器のデザインまたは立体容器その物を使用して指定商品（商標は必ずその商標を何

写真提供：ヤクルト本社
【商標登録 第 5384525 号】
権利者：株式会社ヤクルト本社

に使用するかを指定して商標出願しなければなりません）に使用してはならないという法的効果が表れるに過ぎません。立体商標そのものの登録例は多くありませんが、コカコーラのビンや不二家製菓のぺこちゃん人形などがその例になります。

●スナック「シャネル」事件

1994年にスナック「シャネル」事件というのがあり、1987年にはホテル「シャネル」事件がありました。「シャネル」という世界的な著名商標はどういう訳か水商売には非常によく使用されます。この事件は神奈川県横須賀市で起こった事案で、スナックが「シャネル」の看板で営業をしていたところ、ココ・シャネルのスイス法人が差止請求権と損害賠償を求めて東京地裁に提訴しました。ところが被告人のスナック業者は一回も裁判所に出頭せず敗訴です。裁判で被告が出頭しないということは、裁判所に事案の内容を判断して貰うということではなく、原告の主張を全面的に認めることになり完全敗訴になります。尤もこの事案は出頭していても全面敗訴は免れなかったと思われますので、警告を受けた時に看板を変えればよかったのにと思われます。原告は不正競争防止法2条1項2号の著名表示の侵害として提訴したのですが、この法律は登録商標を所有していなくても、著名である事実を以て模倣者を排除する事ができます。

●居酒屋「貴鶏屋」が同じ居酒屋「喜度利家」を商標権侵害で

商標権者の居酒屋「貴鶏屋」が同じ居酒屋「喜度利家」を商標権侵害で大阪地裁に訴えました。結果は商標権侵害にあらずとして権利者の訴えを退けましたが、やや疑問に残る判決ではないかと思います。その理由は、商標の類否は「称呼」「観念」「外観」のどれかが同一または類似であれば、特許庁は類似商標として登録を拒絶します。両商標は漢字が全然違うので外観は異なりますし、観念も両者とも無観念ですが、強いて言えば「貴鶏屋」は高貴な焼鳥屋という観念があるかもしれません。しかし称呼はどちらも「きどりや」となって同一です。裁判所は外観が全く相違するので混同を起こさないとして判断したようですが、称呼が同一であるということは混同を起こす最も大きな要素です。その理由は、ラジオでコマーシャルを入れるとき、どちらも「きどりや」と宣伝するので、どちらのコマーシャルか全く分からなくなるからです。裁判所は両者ともラジオのコマーシャルは無い、と判断したのでしょうか。

●招福巻も定番に

節分になるとスーパーや百貨店を賑わす商品として「巻寿司」の丸かぶり商品が出回ります。よく知られた「巻寿司」に「招福巻」と言うのがあります。これは登録商標として存在しますが、某スーパーが「十二単の招福巻」として販売したところ、「招福巻」の権利者から商標権侵害として警告を受けました。当然スーパーは「招福巻」は一般名称になっているからと警告に応じず法廷対決になりました。第1ラウンドの大阪地裁では「十二単」の部分が存在するとしても、商標の要部が同一であり「招福巻」は一般名称ではないので商標権侵害として認定しました。これに不服のスーパー側は当然大阪高裁（知財高裁の場合は特許、実用新案、ソフト等の技術的な案件）に控訴したところ、大阪高裁は「招福巻」は一般的に使われているから普通名称化しており、商標権としての差止請求権等の効力は存在しないとして、侵害でないと判断しスーパー側の勝訴となりました。つまり「招福巻」は誰が使っても商標権の侵害ではないということです。

「招福　巻寿司」は商標権の侵害か

本件では別件に次のような事案が有りました。某百貨店が「招福　巻寿司」として販売したところ、やはり上記権利者から商標権侵害の警告を受け、侵害では無いと回答したところ提訴寸前まで揉めて、結局百貨店側は訴訟沙汰を避けて若干の解決金を支払って解決したのですが、本件事案は先の事案と更に違って、「招福巻」商標権の侵害にはならないと思われます。その理由は、本件使用商標は「招福　巻寿司」と表示されており、「招福」と「巻寿司」の間に空白があります。この空白の意味するところは、「招福」という商標の「巻寿司」であり、登録商標「招福巻」の使用ではないのです。すなわち本件登録商標はあくまでも「招福巻」であり「招福」ではないから「招福」と「巻寿司」を分離して使用すれば侵害にはならないということです。

商標制度の根幹—商標は一旦決めれば容易に変更すべきでない

商標は一旦決めれば容易に変更すべきでないことは、商標制度の根幹であり商標制度の常識に近い考え方です。その理由は、商標の機能として出所表示機能、品質保証機能、広告宣伝機能がありそれ以外に資産価値増大機能があります。つまり商標は使用すればするほど顧客に馴染まれ、商品が一定の品質を保持しておればその商品の信用を増していくからです。その結果、当該商標の資産価値は増大していき、遂にはソニー、コカコーラやルイヴィトンのように、その商標の資産価値は計算できないほど巨大になります。従って一旦決めた商標に余程の不都合が無い限りは変更すべきでないのですが、最近そのタブーを破って商標を変更して大失敗したケースが幾つかあります。その1つは衣類および身の回り品では断然著名な「GAP」です。この商標のロゴは正方形のブルー地に白ヌキの縦長英文字で「GAP」として親しまれ信用が蓄積されていたのですが、これを「Gap」と変形文字にし、正方形のブルーを「p」の右上に設けたデザインに変更しました。

「GAP」の失敗

従来の正方形のブルー地に白ヌキの縦長英文字で「GAP」として親しまれていたのを「Gap」と変更したものですが、これが失敗でした。1988（昭和63）年に制定以来20年以上使用してきたので、会社はロゴも進歩させたいとして新ロゴに変更したものです。新ロゴに対しては「醜い、安っぽい、古くさい、素人っぽい、荷札みたい、小学生でも書ける、街の不動産屋さんのよう（朝日新聞2011年3月10日の朝刊）」と散々な目にあい、発表からたった7日でこの新ロゴを断念しました。「GAP」の経営者は、商標の信用および資産価値増大機能を認識できていなかったのではないか、と思わざるを得ません。もう1つあります。これはペプシコーラの著名な果汁飲料商品「トロピカーナ」のデザイン変更による失敗です。トロピカーナの英文字の下にミカンフルーツにストローを刺した今のデザインを大幅に変更したものです。

「アート引越しセンター」から「アートコーポレーション」へ

「GAP」も「トロピカーナ」も、商品の商標またはデザイン変更をして失敗した例ですが、商品の商標ではなく、社名を変更して失敗したケースもあります。2011年の例ですが、引越し運送業の有名企業である「アート引越しセンター」が、「ウチの会社はアートの名前で有名になっているし、そろそろダサイ「引越し」の部分を社名から外してスマートなカタカナの会社にしよう」、と社長が思ったかどうかは知りませんが、社名を「アートコーポレーション」に変更しました。確かにスマートな社名です。しかし「アート」の部分だけでは何の会社か分からず、顧客は「アート引越しセンター」とは思えず「お宅は何の会社ですか」と言われて社長が「ハッ」と気が付いたと、某新聞で述懐されていました。自分は思い上がっていた、「アート」は引越しの「アート」であって単なる「アート」に顧客の信用が蓄積されていたのではない、とミスに気がつき社名を元の「アート引越しセンター」に戻されたのは経営者としてはクチビルを噛む英断だったでしょう。

●「アデランス」の失敗

男性用カツラで有名「アデランス」があります。この社名は社名であると同時に有名なカツラの商品商標であり、しかも男性がカツラをしていることを「あれアデランスとちがうか」などと言われるように、今や「アデランス」はカツラの代名詞のようになっています。特許庁でも著名商標の分類に入れられているにも関わらず、2010年9月に「ユニヘアー」と社名変更しました。その結果、業績低迷を免れず、社名変更した社長の首が飛びました。「アデランス」と言うブランドにどれ程の著名性があり、莫大な資産価値があるかを、会社自体が認識していなかったのではないかと思えます。これは商標の資産価値について経営者が無知であった結果ですが、莫大な広告宣伝費をつぎ込み、莫大な商標の資産価値を蓄積した商標を単なる社名変更と捉えたとしたら、企業の商標戦略を一から勉強してもらわねばなりません。

●面白い恋人

話題になった訴訟に「白い恋人」の登録商標違反事件があります。原告の登録商標権者は北海道の石屋製菓で、被告は「面白い恋人」の商標で同じ菓子類を販売している大阪の株式会社吉本倶楽部（吉本興業）です。吉本らしいパロディ臭い商標を付けたものだと思っていたら、石屋製菓の社長が記者会見で「面白くない」とコメントしているのを見て、こっちの方が面白いと思いましたね。石屋製菓と言えば、２００７年8月に賞味期限の書換え問題で営業停止処分を食らった事があり、何かと話題を提供する会社です。さて、登録商標「白い恋人」（登録第１４３５１５６号）は１９８１年（昭和56年）に登録された有名商標であり、その焼菓子は北海道限定販売でも有名です。被告吉本興業の「面白い恋人」も商標登録出願していたが、引用登録商標ありで拒絶されています。どの先願登録商標で拒絶されたかは特許庁の包袋を覗いてみる必要があります。いずれにしてもこの訴訟の決着が気になるところです。（後日和解しました）。

登録商標とその類似商標の判断には、一応明確な基準があります。両商標が類似か否かは次の3点から判断します。①称呼が類似しているか②外観が類似しているか③観念が類似しているかの3点です。「白い恋人」と「面白い恋人」の相違を検討すると、文字数は4文字か5文字でその内1文字が相違するだけで残り4文字は共通です。1文字相違する「面」の文字の存在感が本件の要点です。両商標の発音は「しろいこいびと」と「おもしろいこいびと」ですが、「おもしろい」という日本語は「おも」と「しろい」を分けて発音することはありません。①称呼については「おも」の存在が称呼にもたらすインパクトがどれ程かを考察して判断するとやや非類似かなと思われます。

●「面白い恋人」はパロディか

実は「面白い恋人」も商標登録出願されて拒絶になっていますが、その理由は2つあり、1つは登録商標「白い恋人」に類似するということ、今1つは公序良俗違反ということです。前者の類似関係にあるとする件（商標法4条1項15号）については、出願人の意見書で解消したようです。後者の公序良俗違反という理由についてはちょっと首を傾げます。商標法4条1項7号の公序良俗違反規定は、皇室関係と誤認させる商標とかポルノや猥褻その他常識的な公序良俗を禁止しているのであって、「白い恋人」のパロディ的な面白みを付けた商標を、単に公序良俗違反として斬って捨てる審査は如何なものかと思われます。実はこの公序良俗違反は打出の小槌のように何にでも使われる恐れがある条文で、特許庁は苦しいときの神頼みならず苦しいときの7号頼みと思われています。

●TPPと新商標

商標法2条には保護する商標について定義をしています。「商標とは、文字、図形、記号若しくは立体的形状若しくはこれらの結合又はこれらと色彩との結合」と定義されています。文字とは日本文字、英語を始めとする外国語、図形とは動植物を始め抽象的なものも含めたあらゆる図形、記号とは商品に付される特徴的なマークを言い、それらの単独又は結合及びそれらと色彩との結合を保護すると定義しています。立体的形状とはケンタッキーフライドチキンのカーネルサンダースおじさんとか電気店の前に飾られているビクターの犬、更に不二家製菓のペコチャン人形等が立体的形状商標として有名です。立体商標が保護の対象にされたのは２００４年ですから最近のことで、役務（サービス業）商標が登録を認められるようになったのは１９９２年ですから、これもそう昔のことではありません。日本特許庁は上記のような伝統的な商標の保護は熱心ですが、世界的な流行の新しい商標の保護には消極的です。

「音」「ホログラム」「位置」も登録商標

TPPへの参加によっては、この伝統的な商標の他に、日本ではアッと驚く商標まで保護しなければならなくなります。そもそもTPPへの参加とは、アメリカの知的財産権制度を日本に押し付ける様なものですから、当然にアメリカで保護されている商標は日本でも保護されなければなりません。アメリカで保護されている新商標とは、「音」商標、「動き」商標、「ホログラム」商標、「匂い」商標、「位置」商標、「色彩」商標等です。「音」商標とは米国映画の最初に出てくるライオンの唸り声などで、「動き」商標とは上記映画の冒頭に出てくるライオンの動きなどです。「ホログラム」商標とはクレジットカードに示されている方向によって色彩が動くシール的なものです。

「匂い」も

「匂い」商標とは独自の香を有する商標で、例えばアメリカで登録された例では、指定商品「糸」に「ブルメリアの花の香り」と言う商標が登録されています。アメリカでは香りを文字によって表現して登録する事ができるのであって、実際の香りを出願する必要はないようです。「位置」商標とは、商品の特定の位置に商標やマーク、キャラクターを付する商標であり、例えばアメリカでは、IBMが指定商品第9類「カーソルの操作器」の中央部分に赤色のマークを付けたものが登録第2363544号として登録しており、他者はキーボードの同じ位置に赤色のマークを付することができなくなっています。

「色彩」も

「色彩」商標とは、現行の色彩が商標の構成要件となっているのとは違って、色彩そのものが登録になる場合で、アメリカの例を見ると、指定商品「猫用飼料」では飼料の入った箱の色彩にツートンカラーを施したものが、色彩の説明とともに登録されています（登録第3793361号）。またEU商標庁（OHIM）では指定商品「建築材料」に上が青で水平の下半分は赤というものが登録さています（登録第2177566号）。この他、米国では「触覚」商標、「味」商標と言うものまで登録することができます。触覚商標では指定商品「ワイン」でワイン自体のボトルがベルベットの感触のものを登録している（登録第3155702号）例があります。味の商標については米国も欧州も登録制度はあるようですが、実際に登録になった例は見当たりません。ところでこれらの商標が導入されれば、現在の日本ではどのように扱うのか暗中模索です。

「ヒサミツ」の音も登録商標

米国とEUのそれらの実際の登録例について紹介します。英国では指定商品33類「ウオッカ」で正方形の黒一色が登録第2360815Aとして登録になっており、EUでは指定商品トラクターで2色の色合わせ（青と黒）が登録第003947512号として登録になっています。同じくEUでは指定商品を電気製品、事務用品および電気通信サービスにおいて音（音程）が譜面と電子ファイル付きで登録になっており、権利者はヨーロッパの放送局です。先見の明があるのはサロンパスで有名な日本の久光製薬が、ＥＵで「ヒサミツ」の４音を曲にした音商標を登録（２００２年10月１日登録）していることです（登録第００２５２９６１８号）。この他にドイツの会社が牡鹿の鳴き声を声紋（音紋）写真と共に登録しているのがあります（登録第０００４９２８３７１号）。

「位置」商標

位置商標について、万年筆の上部に赤いリングを表示することによって登録されている（ＥＵ登録００３８９２０１５）ものがあり、この他にも位置商標はかなり多く登録されているようです。米国では、色商標で自動車の登録例があり（登録第３１３２１２４）ボディをグリーンにした事を登録していますが、出願の書類はまるで日本の部分意匠のようなものであり、こうなると商標と意匠のボーダーが明確でなくなる恐れもあります。お隣の韓国では数年前の商標法の改正で米国やＥＵと同じように新商標を保護の対象にしていますが、米国との２国間条約（ＦＴＡ）では殆ど米国が認める新商標を認める方向になっています。

ｉＰａｄ商標

世界一の株価時価総額を誇る米国のアップル社の「ｉＰａｄ」は商品が世界中で大ヒット中ですが、同時に登録商標「ｉＰａｄ」についても

ヒサミツの４音の音商標
[商標登録（EU） 第002529618号]

国際的な問題になっています、というより中国が例によって商標ビジネスのややこしいことを企んで、アップル社との係争に発展してしまったということです。その理由は、中国の深圳にある企業「唯冠科技研」（プロビューテクノロジー）が、アップル社が商品を販売する前にいち早く「iPad」を商標出願していました。「iPad」の「i」の部分を「a」「b」「c」「d」…「z」と置き換えてアルファベッド全てで登録しているとも言われています。これは商標法の本来の目的とは全く掛け離れた登録商標ビジネスであって、商標制度をぶち壊すことになり、本来最もやってはいけない登録行為です。商標権者の「唯冠科技研」が其らしき商品の製造は素より行っておらず、販売すらしていなくて、既に会社そのものが倒産寸前という有り様です。それは、登録商標を売り付けて儲けようというものです。

●iPad訴訟

中国の複数の工商管理局（行政の裁判所のような役割の存在）が、登録権利者の中国企業「唯冠科研」の申立を受けて「iPad」製品の差押えにかかっており、事態を一層複雑な事にしてしまっています。その後、中国広東省高級人民法院（日本の高等裁判所に相当）で二審の審議をしている係争もありますが、一方で、上海市浦東新区人民法院（日本の地方裁判所に相当）に起こされた訴訟（「iPad」を中国で販売する「華果貿易」を相手に「唯冠科技研」が起こした中国企業同士の差止請求権訴訟）では、人民法院は裁判を中止して、広東省高級人民法院の結論を待っています。「iPad」の実際の商標権がどちらにあるかの結論を待っている状態であり、これは上海市浦東新区人民法院において中国の良識の一部を垣間見た気がします。

そもそも中国の商標権ビジネスは、商標法が制定された1983（昭和58）年当初から30年以上も行われており、その意味で中国企業に「ｉＰａｄ」の登録商標を先取りされたのは、米国アップル社の商標戦略ミスと言えなくもありません。現にアップル社が日本に「ｉＰａｄ」の商標登録出願をしたのは、2009年7月31日（登録2010年、第5313094号商標）ですから、まだ6年しか経っていません。この事実は、アップル社は技術が優秀で経営戦略なんか考えなくても世界中で商品が売れるという現実が偏向して商標戦略を疎かにしたとしか思えません。尚、蛇足ですが、「ｉＰａｄ」はソニーの「ウオークマン」のように、余りにも有名になりすぎて、登録商標の機能が失われる危険性を孕んでいると私は思っています。

●登録商標の普通名称化

獲得した登録商標は、有名になるように権利者は努力しますが、世の中に無い商品を初めて出したときに付けたネーミングは、そのまま商品名になる事があります。例えば前述のソニーの「ウオークマン」、接着剤の「セメダイン」と「ボンド」、プラスチック組立おもちゃの「プラモデル」、ばけつの「ポリバケツ」、小型飛行機の「セスナ」、うどん鍋の「うどんすき」、ワイシャツの「カッターシャツ」、書類止めの「ホッチキス」、油性ペンの「マジック」等々数えきれないくらいありますが、「ｉＰａｄ」もその様な運命を辿るような気がします。さて、「ｉＰａｄ」の次は～「ｉＰｈｏｎｅ」の問題が発生しています。中国浙江省の懐中電灯を扱う会社が「ｉＰｈｏｎｅ」の商標権を持っており、早速アップル社にクレームを付けているようです。

●中国の商標ビジネス

「ｉＰａｄ」や「ｉＰｈｏｎｅ」商標は中国の多くの企業で商標ビジネスとして登録されており、相当高価な価格で買い戻さなければならないと思われますが、ではなぜこんな事になったのか。1つには先に述べましたアップル社の商標戦略の甘さにあります。この甘さの故に、本来登録すべき全分類（45分類）に登録しておらず、一部最小限必要な分類しか登録していない間隙を突かれたことです。2つ目は、中国の商標ビジネスを軽く考えていたことと、中国の裁判所の身びいきについても深刻に考えていなかった事だと思われます。中国での商標出願は他社に売り付けることを目的として年々倍増しており、中国でビジネスをする日本企業は一刻も早く商標戦略を立てる必要があります。

●「大森林」と「木林森」

商標は分類ごとに登録することにより登録商標としての権利が発生しますが、登録の際には過去にある登録商標と類似する商標は登録出来ないことになっています。類似するかどうかは一定の基準がありますが、類非判定の公式はありません。従って審査官の主観によって登録の可否が決せられることが多々あります。例に揚げる「大森林」と「木林森」は何れも第1類化学薬品（特に養毛剤）を指定商品とする登録商標で両者が登録になり大騒動になりました。商標の類非判断は以前にも詳しく述べましたが、称呼、観念、外観の何れかが同一または類似で、しかも指定商品が同一または類似の場合に限り両者は類似と判断されます。上記の例は指定商品が同一ですから商標の類非のみを見ればいいわけですが、審査段階では両方とも登録になったことに対して、先登録の「大森林」側が異議を申し立てたが却下されています。その後無効審判も請求しましたがこれも3人の審判官の合議により無効になりませんでした。

●東京高裁も非類似判断

その理由は審査および審判の何れにおいても、先願登録商標の「大森林」と後願登録商標の「木林森」が非類似とされた点にあります。「大森林」の権利者は非類似と判断した特許庁の審決を不服として東京高裁に審決取消訴訟を提訴しました。審決を下した審判長または特許庁長官が被告になるわけですが、本件の場合は当事者系の無効審判の審決に対する訴訟ですから、原告は大森林側で被告は木林森側となって訴訟審理が行われます。東京高裁は知的財産専門部が有りますから、知財訴訟においては東京高裁の判決がほぼ最終と理解されます。慎重に審理された結果、判決が出ました。またもや非類似の判決です。審査、審判、東京高裁と原告は3回続けて敗れました。私たち弁理士はここで諦めますが、この原告は更に最高裁に上告したのです。

●最高裁が類似と判断

最高裁まで行く知的財産訴訟は多くなく、しかも上告した側が勝訴するケースは稀です。東京高裁は3人の裁判官の合議ですが、最高裁は5人以上奇数裁判官数の合議で慎重に審理します。その結果、「類似」の判決が出たのです。原告「大森林」側は4度目の正直で遂に「木林森」を追放したのです。特許庁および東京高裁の知財専門部はいずれも知財の専門機関ですから、少しの違いもよく見ることが出来ます。私たち弁理士も専門家ですから、特許庁や東京高裁の判断に近い判断といえます。しかし最高裁は違います。もちろん法律の専門家集団ですから法律論もしっかり審理しますが、下級審に比べて、より一般人の目線で物事を判断することが求められます。今回のケースは、専門的に見れば確かに違う点がありますが、全体として見た場合に類似と認められると最高裁は判断しました。

●専門家は細部の相違が見える

それでは原告「大森林」の権利者が何故3度も負けて4度目にやっと類似の判断を得たかと言いますと、3文字中2文字を共通とし、しかも1文字も「大」と「木」で良く似ており、全体の外観としては、消費者は一瞬見間違うと最高裁は判断したのです。「大森林」と「木林森」は、称呼は「だいしんりん」「おおもりばやし」と「きはやしもり」または「もくりんしん」で相違し、観念も「大きな森林」と単に「木と林と森」で相違します。外観も区別ができると専門機関は3度も判断しましたが、最高裁は一般人の感覚では見間違う程度に外観が類似していると判断したのです。専門家や専門機関は細部にわたって相違点が見えるので今回の結果になったのです。

●一般目線で見る最高裁

審査、審判、東京高裁と類似の判断を出していますから、上告されなければ非類似で判決は確定していました。これは私たち専門家が反省しなければならないことです。細部に渡る相違点を見るばかりに、一般消費者の目線で判断することが疎かになっていることがさらけ出されました。これは往々にして専門家やそう自認する者が陥る典型的な例ではないでしょうか。最近も整腸や腹痛の薬で有名な「正露丸」の図形商標「ラッパ」のマークによく似た商標が出現して、権利者の大幸薬品が差止手続を取りました。しかし裁判所が非類似の判断をしたために「何故だ?」と思われた一般の方が多かったということを聞きます。「大森林」と「木林森」や「正露丸」の図形商標を同じ養毛剤や薬を購入しようとして、時と場所を離れて見たときは類似と思う可能性が高いでしょう。他人の周知商標にフリーライドさせないためにも最高裁の判決は重みがあります

●ドンク事件

大阪地裁で面白い訴訟が行われています。神戸のパンの大手と大阪の食品会社の争いで、両者は原告が「株式会社ドンク」、被告が「白はと食品工業株式会社」です。株式会社ドンクは自ら使用している商標と白はと食品工業株式会社が使用している商標が類似しているとして提訴したものです。ドンクはクロワッサンの図形とともに「ｍｉｎｉｏｎｅ」の英文字を使用しており、白はと食品工業は「らぽっぽ」の文字とともに「ｍｉｎｉ　ｏｎ」の英文字を使用して販売しています。ドンクの主張は英文字において両者は「ｅ」の文字の有無だけであり、外観が類似しており、しかも称呼においても「ミニワン」と「ミニオン」では酷似しており、両商標の類似は明らかであるとの主張です。ところが、使用している商標は前述の通り、「ｍｉｎｉ　ｏｎｅ」と「ｍｉｎｉ　ｏｎ」の他にそれぞれ図形と文字が含まれているので、英文字だけの比較は余り意味がないと思えます。ドンク側は差止請求の他に損害賠償請求もしており、両者の決着が気になるところです。

●mini oneとmini on

ところがこの争いには意外な裏面があります。実は争っている両商標とも特許庁に商標登録済なのです。すなわち、ドンクは登録第５０７９６２５商標としてパンの図形と「ｍｉｎｉ　ｏｎｅ」の文

字を、白はと食品工業は「らぽっぽ」の文字と英文字の「ｍｉｎｉ　ｏｎ」を登録第５３８９８６１号商標としてそれぞれ登録しているのです。両者はお互いの登録商標が類似しているとして争っている訳ですが、それならいきなり裁判をせずに、ドンクは先ず特許庁で無効審判請求をすればいいのにと思ってしまいます。要は特許庁の審査なんか当てにならんから訴訟に持ち込んだんや、と言う風にも取れますし、失礼ながらドンクは勝てなくても膨大な広告宣伝料を払わずに宣伝をしたな、と思わざるを得ません。

「あずきバー判決」について

２０１３年1月24日に商標事件で知的財産高等裁判所の判決が出ています。特許庁における商標出願の拒絶審決に対して、審決取消訴訟の判決で「審決を取り消す」判決が出ています。事案は井村屋グループが商標「あずきバー」を出願したところ、特許庁の審査、審判の何れにおいても、拒絶しており、その理由は①「本願商標を指定商品のうち『あずきを原材料とする棒状のアイス菓子』に使用しても、その商品の品質、原材料又は形状を普通に用いられる方法で表示する標章のみからなる商標であるから、商標法３条１項３号に該当する」②「本願商標が…（中略）…需要者が原告の業務に係る商品であることを認識することは…（中略）…認められないから同条２項の要件を具備しない」③（省略）ということで特許庁では拒絶していますが、それが知的財産高等裁判所で逆転して出願人の勝訴となり、登録が認められるに至ったものです。

商標法3条2項

その法律論の解説をします。特許庁の言う3条1項3号は登録出来ない商標として、単に地名、品質、原材料、用途、形状等にすぎない商標は、何人も使用する必要があり又使用しても誰の商標か認識できないから登録を認めないとする規定です。2項適用というのは、例え前記のような商標であっても、長年使用した結果、誰の商標であるか需要者が認識できたときは登録できるとする規定です。ただ2項適用には相当高いハードルがあり、どの程度の期間使用されたか、トータルでどのくらい販売したか、そして最も必要なことは同業他社が同一の商標を使用していないことです。同業他社の使用があれば、その時点で誰の商標か需要者が認識できないからです。この点について特許庁は同業他社数社が使用しており、出願人の商標として認識できないと主張しています。

●甘い2項適用

商標出願「あずきバー」について、審査、審判の何れにおいても拒絶になったにも関わらず、審決取消訴訟で出願人が勝訴した主な理由は次の通りです。3条2項を適用した理由について裁判所は「1972（昭和47）年に『あずきバー』：（中略）：の販売を開始し、その販売数量は2005年度1億3700万本…（中略）…2010年2億5800万本となっており…（中略）…2008年以降、テレビコマーシャルの放映料は毎年1億2000万円を超えているほか、新聞その他の媒体などを通じて全国で広告を実施している」、同業他社が使用している例についても「玄米あずきバー」「十勝あずきバー」「セイヒョー金太郎あずきバー」として使用しており、自社名を商品に付して差別化を図っていると判事しています。しかし、同一ではないにしても他社が商標の一部に同一名称を使用している事実を考察すると、知財高裁はやや2項の適用を甘くしたのではないかと思われ、特許庁の厳しい判断に分がありそうに思えます。

著作権 Copyright

●サンリオのキャラクター「キャシー」

有名なサンリオのキャラクター「キャシー」について説明しましょう。この事件はオランダのアムステルダム裁判所で争われた国際的な事件で、事案はサンリオのウサギのキャラクター「キャシー」がオランダの絵本作家ディックブルーナ氏の創作であるやはりウサギのキャラクター「ミッフィー」を模倣した著作権侵害というものです。アムステルダムの裁判所は原告の訴えを認め、ヨーロッパ3ヵ国（オランダ、ベルギー、ルクセンブルグ）での「キャシー」関連のサンリオ商品の販売の停止命令を下しました。この命令には金銭罰則も同時に示されており、サンリオが裁判所の命令に反して販売した場合には、1日あたり2500ユーロの金員を著作権侵害としてディックブルーナ氏に支払わなければならいとしています。確かに全体的な図形は似ているが、細かい所は相当相違しており、裁判所の命令には疑問が残る判断と思われます。

●鑑定書に張り付けた絵画

インターネットで世界中の60億人と瞬時に通信できる時代になって、最も保護が危うくなっているのが著作物です。何しろ著作権問題の99%を占めていた放送、新聞、雑誌、書籍、その他の印刷物は全く関係のない世界になってしまっているからです。ところが最近面白い旧態依然とした著作権侵害問題が発生し、最高裁まで争われた事件があります。事案は絵画の鑑定をするのに鑑定対象の絵画のコピーを張り付けて鑑定書を作成した事件です。絵画の鑑定をするのに、どの絵画の鑑定であるかを特定しなければ全く意味をなさないから、鑑定書に絵画のコピーを張り付けるのは当然と思われます。ところが従来の鑑定書は特定の絵画その物と一体になって鑑定されているから、鑑定対象の絵画のコピーを張り付ける必要はなかったようです。そこで本件は最高裁まで違法コピーかどうかで争われましたが、最高裁も違法の認定は事案の特殊性から出来なかったのでしょう。著作権法に規定する適用除外条文の「引用」（著作権法32条）によって侵害しないと判断したのです。

●新聞記事のコピーは著作権侵害？

著作物を著した時点で、無審査で権利が発生しますから、登録制度のある産業財産権とは異なりますが、これがまた著作権を複雑にかつ分かりにくい制度にしてしまっています。特に何が著作物で何が著作物でないかのボーダーがはっきりせず、例えば文房具に描かれた簡単なデザインが著作物か否かすら不明の場合が多いのです。著作権法第2条の定義では「著作物とは思想又は感情を創作的に表現したものであって、文芸、学術、美術又は音楽の範囲に属するものをいう」となっています。文房具の簡単なデザインが「思想又は感情を創作的に表現した」とは思えないので、著作物ではないかというと、これが結構争いのタネになっています。デザイナーが思想又は感情を創作的に表現したデザインを、上記商品（文房具）に使用したら著作権の侵害になるとの主張です。この論法でいきますと新聞の記事でも著作権の主張ができることになります。日本経済新聞は紙面が全面著作物ですと主張しています。

著作物とは思想・感情の表現

それでは新聞の記事は思想または感情を創作的に表現したとは思えないので、著作物ではないかというと、そうではなく前述のように日本経済新聞は紙面が全面著作物ですと主張しています。新聞の記事中で純粋な事件を報じた、単なる報道記事が著作物ではないことは比較的分かりやすいのですが、記者の署名入りでしかも記者の取材から纏めたような記事には問題があります。それは純粋な報道記事でなく、記者の思いが込められている可能性があるからです。この場合は著作物として扱う方が無難でしょう。更に大抵の新聞は読み易く編集して紙面全体を構成していますので、編集著作物として扱われることがあります。

試験問題での引用は?

それでは新聞をコピーして使用することは不可なのでしょうか。実はある時は不可で、ある時は可なのですが、そのことについて説明します。著作権法第30条から第50条に規定された「著作権の制限」というのがあります。ここには「私的使用」「教科用図書」「試験問題」「出所の明示」などに該当する場合は、著作権者の許可を得なくても使用できるとされています。従って自分個人用とか学校の講義で使用する場合のコピーは許されることになります。試験問題に朝日新聞の天声人語がよく出題されていましたが、いちいち試験問題に出すからといって許可を貰っていては、試験問題を漏らしていることになり、許可はいらないわけです。この制限は他の著作物にも該当します。

プログラムは特許? 著作物?

コンピュータを動かすためのソフトは特許の対象で、そこに書かれた記号やコマンドの配列はプログラムとして特許の対象ではないとされてきましたが、2002年度の特許法改正で物の定義にプログラムが入って、プログラムも特許の対象になりました（特許法2条3項1号）。さらに特許法ではプログラムの定義を「電子計算機に対する指令であって、1の結果を得ることができるように組み合わされたものをいう。」（同法同条四項）としたので、今はソフトとプログラムは同義語として特許の対象としています。一方で著作権法でもプログラムの著作物を保護しています（著作権法10条1項9号）が、プログラム著作物を作成するために用いるプログラム言語、規約および解法そのものは著作物ではないとしています。なお、プログラム著作物については登録が発生要件ではないが、文化庁にプログラムの複製物を提出することによって登録することができます。

●著作権は重要な知的財産

知的財産は産業財産（特許、実用新案、意匠、商標）と著作物がメインであり、特に無審査で権利が発生する著作権は、どこまでが著作物であるかの判断が必ずしも一定していませんので、しばしば紛争の原因になります。著作権法では著作物を列挙していますが、それも例示にすぎません。著作権法第10条では次の物が著作物であると例示しています。小説、脚本、論文、講演、音楽、舞踊、無言劇、絵画、版画、彫刻、その他の美術、建築、地図、学術的な図面、図表、模型、その他の図形、映画、写真、プログラムを列挙していますが、勿論これ以外のものでも「思想または感情を創作的に表現したものであって、文芸、学術、美術又は音楽の範囲に属するもの」（著作権法2条1項1号）は著作物として保護されます。著作権は常に意匠権、商標権とのボーダーが問題になるとともに、著作物の範囲が曖昧なことが問題点でしょう。

●親告罪が非親告罪に

その中身の典型的な項目を説明しましょう。著作権を侵害した者の侵害罪については我が国の著作権法は告訴を以て公訴の提起と定められています（著作権法第１２３条、親告罪）。従って、侵害行為の有ることを知らなかったり、告訴をしなかった場合には侵害者を罪に問うことはできません。この規定は女性の人権を保護する目的のセクハラとか強姦罪に規定されていますが、非親告罪は強盗罪や殺人罪のように国家権力（検察、警察）が職権で直接刑事手続を開始しますが、ＴＰＰに参入すると著作権法も同じ扱いになります。これは日本の慣習や考え方と合わず、トラブル続出になる恐れがあります。その上に法定損害賠償制度が導入される可能性が高く、そうなると損害の立証無くして裁判所が賠償金額を決めてしまうことになります。

●日本は不利なことが多い

日本での著作権侵害の訴訟においては、権利者（原告）が侵害の事実を立証しなければならず、充分な侵害を把握できずに賠償額も少額になるケースが多い。しかしＴＰＰ参入後はアメリカナイズされた解決方法になり、日本の文化と日本人の感情をガタガタにしてしまう恐れがあります。そもそもＴＰＰ協定は力の強い国、力の強い分野に、力の弱い国、力の弱い分野が従わされるものであり、米国にとって、大きなマーケットでありながら弱い国であり弱い分野を多く抱える日本は恰好のターゲットとなっています。その証拠に米国の自動車産業は日本の自動車産業の参入を嫌がっていると言われています。日本の自動者産業が米国の自動車産業よりも強いからです。上述したような事にならないように、日本の政権がどこまで日本の主張を通せるか、ここは国家の存亡が懸かっている重大局面です。

●小室哲哉氏による著作権詐欺事件

きわめて著名な音楽家でかつ年間10億を越す高額所得を稼いでいたと云われる作曲家でもある、あの小室哲哉氏が詐欺事件で逮捕されました。それも自身の飯の種であった著作権を舞台にした詐欺事件であっただけに、一般人の驚きは尋常ではなかったと思います。何かの間違いだろう、あれだけ高名な人が金の詐欺事件を起こす筈がない、とファンなら信じたいところでした。しかし、実際はその通りであって著作権の二重三重譲渡という事件で、騙された投資家もそれには気がつかなかったようです。投資家が数億という金額を騙し取られたその理由の第1は、小室哲哉氏が余りにも著名な音楽家であり、高額所得者であったこと、第2の理由は、著作権法によると、著作物は登録によって権利が発生するのではないので、文化庁の登録に特許原簿や商標原簿のように権利の発生から移転まで登録記載されていないことです。従って、二重三重に権利譲渡されても簡単に調査できないことです。

●著作権の移転

著作権法第51条によると権利の存続期間は「著作物の創作の時に始まる」とあります。そして、「…著作者の死後…50年を経過するまでの間、存続する」（同法同条2項）となっています。すなわち、著作権は創作者が著作物を創作したときに発生し、当人の死後50年間は権利期間が存続します。

また同61条には「著作権は、その全部または一部を譲渡することができる」とありますので、一般の財産権と同じように他人に譲渡できるのですが、同77条には「…著作権の移転は…登録しなければ第三者に対抗することができない…」とあり、登録しなければ移転の効果が生じない、とは規定されていません。すなわち、第三者に知られずに移転したければ、登録しなければいいのです。

●二重譲渡

このことが小室哲哉氏の詐欺事件の根拠となったと思われます。移転を登録してしまいますと、登録原簿を閲覧すれば移転の事実が発覚し、二重譲渡は出来なくなります。尤も、小室氏のような著名な人物が話を持ちかけてくると、一々登録原簿を確認しなくても信用してしまうかもしれません。譲受人との話合いの中で、面倒な文化庁への登録手続をしなくても、譲渡契約書さえあればその契約は法的に成立します。従って二重どころか三重にも四重にも契約を次から次へと交わしても、それぞれの契約は当事者同士の間では成立していることになります。著作権法第78条には、文化庁の登録原簿を誰でも閲覧することができる、と規定されていますから、他人にわざわざ見せる必要のない移転を登録しないのが一般的でしょう。

●著作者人格権

著作権は特許権や商標権のように登録が権利の発生要件ではなく、権利の移転などについては登録しなければ第三者に対抗することができない、と規定されているだけですから、登録しなくとも当事者間の契約だけで移転の効果が生じるのは民法の規定通りです。このように著作権法は、一般的には分かりにくい権利であり法律です。例えば、著作者人格権というのがありますが、他の法律で人格権を成文で定めたのはないと思われます。この人格権には、公表権（18条）、氏名表示権（19条）、同一性保持権（20条）の3つの権利があり、それぞれ一身専属性（59条）ですから、著作権のように他に譲渡することはできません。ここで面白いのは一身専属性と言いながら、著作者の死後でも、例えば生きていたら著作者人格権の侵害となるべき行為をしてはならない（60条）と規定され、死後も人格権を守ろうとするいかにも日本的発想のように思われます。著作権の保護は死後50年ですが、映画は公表後70年に延長されています。TPP条約によって、50年が70年に延長されるようです。

その他 the Others

●知的財産権と他の財産権の違い

知財（知的財産）を「地財（地方財政）」のことか、と尋ねた国会議員がいたという話がありますが、小泉総理が2002年2月4日に、わが国で初めて知的財産を国家起こしの強力な政策として施政方針演説をしました。それからはや13年以上が経過したので、今では「知財」も知的財産制度または知的財産権として一般に認知されたように思われます。知財の特徴は他の一般財産と違って、無体財産であり、有限財産であること。知財は人間の精神的な創作活動の結果生じた創作物であるから、その権利は文字や図形、音等で表現されるだけであって、形はないので無体財産権であり、またその権利は国家が法律で制定することにより初めて生じるので、権利期間も一定期間の有限としています。特許は出願から20年、実用新案も出願から10年、意匠は登録から20年、商標も登録から10年でそれぞれ権利が消滅しますが、商標は10年毎に更新すれば半永久的に継続されます。

●梅の新品種は知的財産なの？

その通り知的財産で、権利を取得すれば知的財産権です。梅とか桃、柿、葡萄、稲などをはじめ、農産物、林産物、水産物の新品種は遺伝子の組み替えを含めて「種苗法」によって登録されると排他的独占権が発生します。登録方法は農林水産大臣に品種登録出願を行い、栽培試験を経て繰り返し同様の品種が育成されると確認されたり、新規な品種であるなどの審査結果が出たものについては登録をして「育成者権」を与えます。因みに半導体の微細な集積回路については「半導体集積回路の回路配置に関する法律」で保護されます。知的財産はこのほか、特許、実用新案、意匠、商標の産業財産と著作物、それに不正競争防止法による保護法益、そして商号があります。梅の新品種が登録されて権利化したときの権利期間は種苗法の規定による「育成者権」として登録の日から25年、半導体回路は経済産業局産業大臣に申請して登録されればその日から10年です。

●「東アジア品種保護庁」の設立

「種苗法」という法律が1998年（平成10年）に制定されています。この法律に抜け穴があり、種または苗を国外に持ち出すかまたは持ち出さず海外で同一の種苗を作成し栽培して、果実を実らせて当該果実だけを輸入するケースがありますが、その場合に本法の違反にならない可能性があります。そこで政府は日本の近隣諸国に働きかけ提案して「東アジア品種保護庁」を設けようとしています。国際的にはユポフ条約というのがあり、植物の新品種を国際的に保護するようになってはいますが、実効性は余りありません。我が国の被害を受けた例としては、苺の新品種「あまおう」が韓国で生産され、日本に果実が輸入されて大きな被害を受けたケースがあります。政府は新品種の保護強化によって輸出拡大を図り、国際競争力に欠ける日本の農業をなんとか強化したいと考えて掛かる構想が浮上したものと思われます。

●露呈した中国技術

２０１１年2月23日発生した、中国の新幹線が温州で脱線転覆転落して40人を越す死者と２００人以上の重軽傷者が出た、という大事故が報じられました。このニュースを聞いて、アッと驚きました。中国の新幹線は日本の技術を模倣したと言われていますが、事故を隠蔽するために、事故車両をその場で破壊して穴を掘って埋めてしまったこと、国民から当局が非難されるとその翌日に埋めた車両を掘り出して事故原因を究明するフリをしたこと、事故の翌日には原因が全く解明されていないのにもう事故現場に列車を走らせていること、そして何よりも皮肉なことに、開業から一ヵ月で大事故を起こしたことは、やはり日本の技術ではなく、それはまさしく中国のオリジナル技術であることを証明したということです。

●韓国、中国、台湾に流れる日本のリストラ技術者

日本を支えてきた大手ハイテクメーカー、それにコンピュータの富士通、ＮＥＣに至るまで、過去10年以上にわたって、企業業績悪化に伴ってリストラの名目で社員のカットをしてきました。それも数千人、数万人の単位で人員整理して、それぞれの企業は人件費を縮小することにより生き延びてき

ました。整理された社員の中には当然技術者もいたでしょうし、先端技術をよく知っている技術者はその技術を活かさず社会に弾き出されたのです。その人達を雇用する日本の企業はすでにありません。彼らは安い給料でも雇用してくれる所を求めます。それが韓国、台湾、中国の企業です。

●リストラがブーメランに

日経新聞2005年7月18日の「攻防知財」に、「サムスングループはお膝元の韓国に200人近い日本人技術者を抱えているとみられる。」と記載されていますが、これはかなり控えめな数字で、私はこの3倍の日本人技術者を雇用していると見ています。そして彼らがサムソンおよび韓国の繁栄をもたらす原動力になっているとも考えられ、結果的には自分達が元在籍した企業を攻撃する事になってしまっていると思われます。数千人、数万人の単位で人員整理して、固定の人権費を圧縮することにより生き延びたのは企業に違いないのですが、そのリストラがブーメランのように返ってきて元の会社を攻撃しています。リストラで生き延びた筈にも関わらず、手痛い逆襲を受けて企業業績そのものが悪化しているのが日本の現状です。このことは日本全体がリストラのシッペ返しを受けて危ない方向に動いていると言わざるを得ず、政府も財界も企業の大リストラについて手を拱いて見ていると、我が国は取返しのつかない国家凋落の運命に陥ってしまいます。

●TPPと知的財産権

野田佳彦首相がTPPについて大変熱心で、農業関係の族議員や農協（JA）の強烈な反対にもめげず，結局参加協議に加わることをアメリカに約束しました。TPPの問題は菅直人前首相の時から折りに触れ話題には乗っていましたが、国際的に協議参加を表明したのは野田首相が初めてです。

それではTPPとはいったいなにか、英語では「Trans Pacific Partnership」であり日本語では「環太平洋（戦略的）経済連携協定」と訳されていますが、実はこの日本語の翻訳が曲者で国民に誤解を与えてしまっているのです。「経済連携」の文字に誤魔化されて、経済だけの連携と思われてしまいますが、実は農業、漁業、林業、製造業、金融業、マスコミ、小売業、医療、サービス業、法曹界を含めた1次産業2次産業3次産業のすべてで日本のあらゆる社会構造を変革してしまう恐れのある協定なのです。即ちTPP協定に参加する事によって、参加国は相互の利益追求を至上主義として、文化、伝統、社会制度を破壊しかねないのです。

●日本が参加する意義

そもそもTPP加盟国を見てみると日本のように独特の文化を持った国はありませんし、アメリカ以外の参加国は経済的に全て小国です。参加国はシンガポール、ブルネイ、チリ、ニュージランド（以上4ヵ国が原加盟国）、アメリカ、オーストラリア、ベトナム、ペルー、マレーシアで、原加盟国はいずれも経済小国で相互協定が有利であると想像されますが、アメリカが加盟することによってTPPは一変します。世界最大の強国に参加を許し、その支配下に置かれても困らない国々と日本は違う筈です。日本の2000年を超える歴史と伝統が、ふたたび敗戦国のように強国アメリカの支配下に置かれないとも限らないのです。アメリカにとってTPPは日本が参加しないと殆ど意味がないのであって、その分日本に強く迫ってきたのです。

●知的財産権への影響

現在分かっている範囲で知的財産権（以下知財）への影響について考えてみます。知財に対する日米両国の取り組みについて検討され、その主な検討事項は侵害品対策に向けられて知財の規制が強化されるものと思われます。知財には審査して権利が発生する特許や商標と、表現したときに権利が発生する著作権とに分類されますが、その何れにも厳しい注文がアメリカから向けられることが予想されます。日本は特許や商標に関して世界の先進国でありながら、無体財産権（知財）に対する認識が甘く、１８８５（明治18）年の専売特許条例制定から１３０年が経過しているにも関わらず、知財の侵害には犯罪意識が希薄です。著作権に関しては平気で他人の著作物を複製しており、特にインターネットによる侵害は手の付けようが無いくらいに横行しており、これをアメリカが放置する筈が無いと思われます。

●ＴＰＰは貿易不自由化

ＴＰＰは関税撤廃の貿易自由化だと思われているが、実は貿易不自由化と仰る学者もいます。その理由は、限られた太平洋周辺国家だけで関税撤廃を図り、それ以外の世界中の国々と差別し、太平洋周辺国家のみを囲い込む協定である、と言うことです。従ってそれ以外の世界中の国々とは「貿易の不自由化協定」と言うものです。確かにその側面があると思われるのは、欧州、南米やアジア諸国との貿易については今まで通りとなっています。ＴＰＰ参入で日本以外の殆どの国々にメリットがあると考えられるのは、アメリカが参入国家にあらゆる商品を売れるし、中小国家はアメリカに関税の障壁なしに売れるが、日本は国内保護産業が余りにも多く、それらの産業は日本伝統の産業であり国際競争力に乏しい産業であるがために、アメリカの攻撃には耐えられないのです。

第3章
こんなものまで知的財産権

●特許の新規性

周囲の人々が驚くような発明をしたとしても、単に発明をしたというだけでは、誰もこの発明を保護してはくれません。特許を取得してはじめて保護されます。特許を取るためには、発明が①特許法上の発明②産業上利用できる③新規性④進歩性⑤不特許事由に該当しない⑥最先の特許出願の条件を満たし、「特許を受ける権利」を有する者が適正な出願手続をすることが必要です。

特許取得条件の③新規性とはどういうことなのか、特許出願した発明と同一か技術的に近接している場合には特許を取得できないとするものです。一般に特許出願する場合には先行技術調査を行いますから、同一に近い発明は発見し易いので、新規性欠如（特許法29条1項）によって拒絶理由をうける場合は多くはありません。それより厄介なのは特許取得条件の④進歩性違反（特許法29条2項）による拒絶理由通知です。この進歩性欠如による拒絶理由通知は全体の90％を占めるほどになっていますが、それは審査官の主観が入り易いからです。出願前の先行技術を1つ又は複数引用されて進歩性欠如の拒絶理由を受けることになりますが、先行技術は特許出願の技術に限らず、大学や研究所又は企業の論文も引用されることが多くあります。何れにしても、1つ又は複数の技術があれば当業者であれば誰でも発明することができるという拒絶理由通知は、審査官の主観によるものであり、そこに出願人と審査官の攻防が生まれることになります。

●特許の進歩性

特許取得条件の④進歩性について更に具体的に説明します。例えば糸鋸でプラスチックパイプを斜めにカットする技術を発明して特許出願した場合に、特許庁からA発明とB発明が拒絶理由通知に示された場合。A発明には鋸が示されており、B発明には材木を斜めにカットする技術が示されている場合はどうなるのか、と言うことです。鋸で材木を斜めにカットする事がA発明とB発明によって明らかになり、材木をプラスチックパイプに、鋸を糸鋸に置き換えれば当業者であれば誰でも思い付く発明だ、という風に判断されてしまう恐れがあります。一方でプラスチックパイプと材木、鋸と糸鋸はそれぞれ違うという主張もできますが、その場合には材木と違ってプラスチックパイプをカットするにはそれ相応の困難さがあり、それを糸鋸で解決したのだと論理的に主張すれば拒絶理由を解消することも可能です。この場合、意見書で理由を述べるだけではなく、明細書の特許請求の範囲を縮小する補正を同時にする必要があります。

●最先の特許出願と協議

特許取得条件の⑥最先の出願について説明します。特許法は29条で公知技術に近接する技術は基本的に特許を認めない事になっているのは、前述のとおりです。一方特許法39条には、異なった日に同一の出願があったときは最先の出願人のみが特許を受けることができる（特許法39条1項）となっています。一方、同日に同一の技術の出願が複数あったときはどうするのか、という問題がありますが、その時は出願人が協議して一人の出願人のみが特許を受けられることになっています（特許法39条2項）。では出願人のエゴで協議が整わなかった時はどうするのか、その時は全員が特許を受けることができない（特許法39条2項後段）となっています。これでは馬鹿馬鹿しいので、複数人の共同出願にすることによって、出願が1つになり、全員に特許権が与えられる可能性が出てきます。もし共同出願もできずに協議が整わないときは、その発明の技術は出願を取り下げない限り全員が特許受けられなくなり一般に公開してしまうことになります。

●実用新案制度の利用

産業財産権のうち、特許出願はピークの2002年から出願件数が10万件以上減って年間30万件程度になってしまっています。一方、実用新案制度は残っているものの、無審査制度に移行したのが災いして年間出願件数は1万件程度で推移しています。実は実用新案制度を上手に利用すると、これはそれなりに効果のある制度であることが分かります。例えば世の中に商品を出してアッと言う間に模倣が出てきて失敗したケースが多々ありますが、その時は実用新案出願しておきますと、出願から3～4ヵ月で登録番号が付きます、即ち実用新案登録になります。模倣品が出るのは商品を発売して大体3～4ヵ月は掛かりますから、ちょうど模倣の出るころには権利が登録になっているので、模倣を防ぎやすいと言うことになります。勿論、権利行使するためには特許庁に技術評価書を請求する煩わしさがありますが、特許に較べて格段に早く権利行使できる可能性があります。40年位前の「ごきぶりホイホイ」事件を思い出す迄も無く面白い制度でしょう。

●「ごきぶりホイホイ」事件

実用新案制度について最後に「ごきぶりホイホイ」事件を話します。この事件の顛末を参考に実用新案制度が無審査になったのかと思えるほどの事件でした。A社が強力接着剤を箱の底部に塗布して、厚紙を折り畳みゴキブリが入ると動けなくなる商品を「ごきぶりホイホイ」として売出し、同時に実用新案出願をしました。ところが当時の実用新案制度は特許と同じく審査をして権利を登録する制度でしたから、出願から4~5年掛からないと権利設定されていませんでした。その間、同様の商品が多数出回り、売れに売れて、「ごきぶりホイホイ」に権利設定された頃には儲けるだけ儲けて商品を引き上げたために、最初に出願したA社は美味しいところを持っていかれた、と言う事件がありました。この頃に今の実用新案制度があれば、A社はみすみす儲け損ねることがなかったのではないかと思われます。今もこの類の商品はある筈ですので、実用新案制度を巧く活用すると実のある成果が得られると思います。

●無審査の実用新案制度

現在の実用新案制度は無審査ですので、数ヵ月で登録になったとしても、権利行使には法的な条件があります。無審査で登録になる訳ですから、玉石混交、ダブルパテント有りを整理して権利行使する必要があります。すなわち、権利行使するに充分な技術かどうかを特許庁に判断して貰わなければなりません。技術評価書という特許庁の「お墨付き」を取得する必要があります。これは「実用新案技術評価の請求」(実用新案法第12条)手続をしますと、2~3ヵ月で評価が出されます。その評価でOKが出て初めて権利行使出来ることになりますので、当該実用新案を侵害している事実を発見しても、相手方に上記「技術評価書」を提示しなければ内容証明郵便も出せません。もしその評価書無しで警告して、相手が驚いて製造販売を中止した場合、後日、特許庁の評価書で警告不可の評価を受けた場合は、相手方の受けた損害について賠償の責任が生じますので注意が必要です。

●実用新案出願できるのは形のあるもの

実用新案出願できる発明(考案)については制約があります。特許は人体を必須構成要件とする発明および公序良俗に反するもの以外は、法的に適合しておればあらゆる発明が出願可能ですが、実用新案は違います。「物品の形状、構造又は組合せに係るもの」(実用新案法第3条柱書き)でなければなりません。「物品の形状、構造」とは、言い換えれば構造物であって形のある物、もっと言えば図面に表せる考案でなければならないことです。すなわち、出願するときに図面が必須要件であるということです。この点に於いて、図面を必須としていない特許出願とは異なります。上記の点と、技術評価書が必要な点、および権利期間が出願から10年(特許は20年)であることを除けば、権利の効力は特許と同じです。従って、ライフサイクルの短い物や販売すれば模倣され易いプラスチック成型品等は実用新案出願が適しています。

●トイレットペーパーの特許

特許および実用新案に共通した登録要件の一つに、「自然法則を利用した技術的思想の創作」があります(特許法第2条1項、実用新案法第2条1項)。この創作のうち高度な創作が特許の要件であり、高度でない創作が実用新案の要件ですが、何が高度で何が高度でないかは、発明者自身の判断によるのであって、自分の発明が高度であると判断すれば特許で出願すればよいのです。特許庁は「高度でないから特許出願に該当しない」とは言いません。例えばトイレットペーパーにミシン目を入れたものが一般的ですが、以前はこれも特許として権利がありました。トイレットペーパーの長さ方向に等間隔で幅方向にミシン目を入れたものが公知技術として過去になければ特許として許可されますが、これが簡単な技術的思想だから実用新案で出願しないと権利化できない、ということにはならないのです。従って高度な物が特許、そうでない物が実用新案と法律上は区別されていますが、実務上は差異が無いことになります。

●新規性

特許取得の条件の③新規性の有無です。特許法第29条1項には新規性欠如の3つの条件が規定されています。一号には「特許出願前に日本国内又は外国において公然知られた発明」、二号には「特許出願前に日本国内又は外国において公然実施をされた発明」、三号には「特許出願前に日本国内又は外国において、頒布された刊行物に記載された発明又は電気通信回線を通じて公衆に利用可能になった発明」。上記3点の規定はいずれも特許出願前に一般的に知られた発明（公知の発明）には特許を付与出来ないことを規定しています。一号は誰でも知っている技術、二号は国内外のいずれかで実際に製造されたり販売されている技術、三号は誰でも知っているわけではなく、また実際に製造販売されたりしていない技術でも、出願前発行の書物に記載されたり、インターネットで閲覧する事の出来る技術については特許を与えないということです。この新規性の有無については特許庁の特許情報プラットフォーム（J－PlatPat）で調査すれば概ね判断が付きます。

●進歩性

特許取得の条件の④は進歩性の有無です。特許法第29条2項には次の規定があります。「特許出願前にその発明の属する技術の分野おける通常の知識を有する者が前項各号（新規性欠如技術、公知技術、公然実施技術、刊行物公知技術）に掲げる発明に基づいて容易に発明する事ができたときは、その発明については、同項の規定にかかわらず、特許を受けることができない」。特許出願の拒絶理由通知は殆ど当該規定によっています。技術の進歩性とは前記法律の規定通りですが、何を基準に進歩性の有無が決定されるのかは、明確な基準がなく（基準の作りようがない）、審査官の主観に因るところが大きい。拒絶理由の引用技術に通常は複数の特許出願の公開公報（又は特許公報）が示されるが、それらの公報に出願内容の構成要件がそれぞれ記載されており、それらを組み合わせると出願の発明に到達する、と言う結論になったときに拒絶理由が発せられます。

●意見書、補正書

それに対する出願人側の対応方法については、次の場合が考えられます。まず、出願発明に記載された技術が、拒絶理由引用例の複数の公報に1つでも記載されていなかった場合は、その旨を主張すれば拒絶理由を免れることがあります。次に全部の技術が記載されていた場合でも、それらを単に寄せ集めただけでは出願発明に到達できず、何らかの技術（簡単な公知技術）をプラスしなければ出願発明が完成しないと考えられるときです。前者の場合も後者の場合もいずれも、その旨を意見書で述べるとともに、引用例との差をより分かりやすくするための明細書の補正が必要です。

●要旨変更の補正

「進歩性」に関する拒絶理由に対して、複数の引用例があった場合の対応方法を述べました。その中で（その旨を意見書で述べるとともに、引用例との差をより分かりやすくするための明細書の補正が必要です。）と説明しました。明細書の補正は慎重にしなければなりませんが、特に新規事項の追加をしないように注意が必要です。特許法は新規事項の追加すなわち要旨変更になる補正は厳しく制限を設けています（特許法第１７条の２第３項）。要旨変更の補正とは、最初の出願の明細書に記載されていない技術要件を補正内容に記載することです。例えば、明細書の特許請求の範囲に「弾性体」と記載して、詳細な説明中に「コイルバネ」と記載していたところ、拒絶理由引用例に「軟質樹脂」の記載があった場合、その拒絶理由を逃れるために、「コイルバネ」と補正することはＯＫですが、「コイルバネ」より「ゴム」の方が単純で分かり易いと思って「ゴム」に補正すると、それは最初の明細書に記載されていないので新規事項の追加になります。

●弁理士の腕が問われる補正

「進歩性」に関して、拒絶理由を受けることは仕方ないとして、受けた後の対応が権利を左右する点において、弁理士の対応力が鍵となります。特に補正に関しては弁理士の腕が問われる場面となります。補正は出来るだけ権利範囲を狭くしない方法で行うのが理想ですが、権利範囲を狭くすればするほど特許になる確率は上がるので、ともすれば権利を欲しいばっかりに権利範囲を狭く補正しがちになります。できる限り権利範囲を縮小しない補正が理想ですが、そのためには引用された公知技術をしっかり把握して、公知技術をギリギリの範囲で排除した補正をする必要があります。補正をしてもなお不安が残る場合は、出願を複数に分割して、分割後の発明に権利取得の期待を掛ける方法があります。この他にまた、実用新案や意匠に出願変更することもできますが、それは法律上手続きが制限されています。

出願の変更

実用新案法第10条には次のような規定があります。「特許出願人はその特許出願を実用新案登録出願に変更することが出来る。ただしその特許出願について拒絶をすべき旨の最初の査定の謄本の送達があった日から3月を経過した後又はその特許出願の日から9年6月を経過したのちは、この限りでない。」すなわち、特許出願をしたが不幸にも拒絶査定になってしまった場合に、実用新案登録出願に変更した方が得策と考えた場合の法的手段です。特許法第46条は「実用新案登録出願人は、その実用新案登録出願を特許出願に変更することができる。ただし、その実用新案登録出願の日から3年を経過した後は、この限りでない。」意匠法第13条には「特許出願人は、その特許出願を意匠登録出願に変更することができる。ただし、その特許出願について拒絶すべき旨の最初の査定の謄本の送達があった日から3月を経過した後は、此の限りでない。」とあります。

出願の分割

ここでは、出願の分割について述べたいと思います。特許出願をしたが、拒絶理由通知を受け、意見書や補正書を提出したが、不幸にして拒絶査定になった場合等の救済手段です。特許法第44条には次の規定があります「特許出願人は次に掲げる場合に限り2以上の発明を包含する特許出願の一部を一又は二以上の新たな特許出願とすることができる。一、願書に添付した明細書、特許請求の範囲又は図面について補正をすることができる時又は期間。二、特許をすべき旨の査定の謄本の送達があった日から三十日以内にするとき。三、拒絶をすべき旨の最初の査定の謄本の送達があった日から3月以内にするとき」。同条2項には「前項の場合は、新たな特許出願は、もとの特許出願の時にしたものとみなす」という規定があり、分割した出願には遡及効がはたらいて、最初の出願日に遡及することになります。従ってその後に出願された出願よりも先の出願として扱われる効果があります。

●特許法について

特許法は発明のうち、概ね次の4つの規定に該当すれば特許を受けることのできる発明と規定している。第1は「自然法則を利用した技術的思想の創作」であること、第2は「産業上利用できること」、第3は「発明に新規性があること」、第4は「技術に進歩性のあること」である。

①自然法則の利用

第1の自然法則とは、物が引力によって落ちる、水が高いところから低いところに向かって流れる、化学反応が起こる、生命が生まれる、死ぬ等の地球上の生物・物理現象であって、宇宙での現象ではないこと。そしてそれを利用した技術的創作とは、そのような現象を利用することによって人間生活に便利な新しい物を提供する事であります。

従って自然法則を利用しないものとしては、トランプの遊び方、利益のあがる営業方法、結婚式の司会進行、学習参考書の問題集の編集、学校での先生の講義の方法等の発明が考えられます。ところでコンピュータプログラムが特許になる発明として扱われており、これが自然法則を利用しているかどうか怪しいところですが、そのために特許法ではわざわざプログラムを特許の対象と定義しています。

②産業上の利用性

特許される発明の第2条件として「産業上利用できること」が必要であることは先に述べました。趣味とか熟練によって達成できる技術は、その人限りであり万人が利用できる汎用性がないので、産業上利用できるとは言えません。産業上の利用性は工業上の量産性があることと少し違うのであって、例えばドーム球場の屋根に降雨を溜めておける構造を設けた発明は特許の対象になるが、量産性があるとはいえません。人間の病気の治療方法に関しても、病人それぞれの治療が異なるのであるから、産業上の利用性があるとはいえません。治療用の治具や薬剤は当然特許の対象ではあるが、人間の一部を発明の構成の必須要件とする治療方法は日本では未だ特許の対象になっていません。但しアメリカでは既に特許の対象となっており、日本でも医療の現場からの声があるので特許の方向性は見えてきました。問題は特許があるために治療に弊害をもたらさないかということです。

③発明の新規性

特許される発明の第3条件として「発明の新規性」が求められている。世界中に全く無い発明でないと特許されないということですが、特許法は第29条で、公然知られた発明（公知）および公然実施された発明（公用）と並んで刊行物に掲載された発明を文献公知と言い、やはり特許されない発明としています。最近の法改正で電気通信回線（インターネット）を通じて公衆に利用可能となった発明も特許されない発明としています。

ここで注意しなければならないのは、公知公用は全世界が対象であるのに対して、権利は特許出願した国にしか及ばないことです。従って日本に特許出願しても、審査は世界中におよび（実際は不可能であるが）世界のどこかに同じ発明があれば特許されないこととなります。新規かどうかの判断は出願した時点であり、法律も「出願前」としているので、論理的には1分でも前に同じ発明があれば特許されないことになります。

④発明の進歩性

発明が特許されるのには技術の進歩性が必要とされています。実は特許になる発明の4つの条件でこの進歩性が最も厄介なハードルであって、特許出願を拒絶される発明のうち90％はこの条件に引っ掛かっています。他の3つの条件のうち、自然法則に反するかどうか、産業上利用できるかどうかは、特許出願する発明を充分理解すればその時点で可否の判断ができるから、そのような発明は出願から除外します。さらに新規性があるかどうかは、調査すれば大体判別されます。調査はパソコンで特許庁のホームページを開けて特許情報プラットフォーム（Ｊ－ＰｌａｔＰａｔ）をクリックして、それぞれの条件を入力すれば、特許、実用新案、意匠、商標のすべてについて過去に同一のものが存在したかどうかが判別できます。従って特許出願する発明のうち、前記3つの条件で拒絶理由を受けることは非常に少ないと言えます。

●道路標識の鉄パイプメッキ支柱

制限速度、駐車禁止、一方通行、Ｕターン禁止、一旦停止、進入禁止等多くの交通規制の表示をした直径60㎝の道路標識が、日本中の殆どの道路に夥しい数が立設されています。それらの支柱の多くは鉄パイプに亜鉛メッキされているか、白いペンキで塗装されています。しかし鉄パイプの表面は比較的平滑面であり、そのまま亜鉛のどぶ漬けメッキや塗装をしても、それらが太陽光や風雨に晒されて剥離してしまう恐れがあります。そこでパイプの表面を梨地加工（果物の梨の表面のようにザラザラに加工）して、亜鉛メッキや塗装が剥がれ難いようにアンカー効果を創り出します。密室内にパイプと細かい砂を入れて、砂を高速で回転させてパイプに衝突させますと、パイプの表面に無数の傷が生じます。この傷は微細な凹凸を形成しますが、その凹凸に亜鉛メッキや塗料が入り込むと容易に剥がれなくなります。ところがその凹凸に関して面白い妙な特許権があり紛争になりました。

ショットブラスト凹凸特許

どういう特許かを説明します。この特許のクレームは、ショットブラストで鉄パイプの表面に付けられた微細な凹凸で、長さ方向1㎜～4㎜、幅方向0・2㎜～1㎜、深さ0・1㎜～0・8㎜というものです。この権利を侵害すると思われる製品が出たので微細な凹凸を検討したところ、先ず数万の凹凸をすべて計測することが不可能であることが分かりました。次にクレームに抵触する凹凸が全体の40%であるのに対して、抵触しない凹凸が60% あることが判明しました。それでは40%分の差止請求権を行使するとしても、60%が行使できないわけですから、一本の鉄パイプの凹凸を40%と60%に分けて差止めすることは不可能です。全体が明確に40対60に分断されているのであればともかく、数万の凹凸がクレームに抵触するものと抵触しないものとが渾然一体となっているのです。

ベニスの商人

道路標識の支柱である鉄パイプは、数万の凹凸が特許権のクレームに抵触するものと抵触しないものとが渾然一体となっていることを述べました。ここで問題が発生するのは、渾然一体となった40%と60%を1本の鉄パイプのどこを差止めするのか、これは明らかに不可能であることが分かります。

40％は差止めしてもいい、しかし60％は止めるな、ということが実施している側は当然に主張出来ます。シェイクスピアの戯曲「ベニスの商人」のストーリーと同じです。戯曲では、金貸しのシャイロックが約束どおり金を借りたアントーニオの肉1ポンドを切り取ってもよいとの判決をもらい、肉を切り取ろうとするが、判事のポーシャが「肉は切り取ってもいいが、契約書にない血や髪の毛など他のものは何一つ切り取ってはいけない」と述べて、結局肉を取れなかったのと同じで、クレームに抵触しない部分を何一つ差止めしてはいけないとなると本権利は意味がありません。

●発明者に3700万円

4月18日の発明の日（1885（明治18）年4月18日に専売特許条例を制定‐現在まで特許のことを「専売特許」というのは、この条例の名称から130年も続いています）に出た判決を説明します。ブラザー工業を退職した社員が、在職中に発明したラベル印刷機の発明対価として4億円を求めていた訴訟で、東京地裁は3700万円の判決を出しました。この訴訟は特許法第35条に規定した「職務発明」の対価を巡るもので、先に同じ東京地裁の青色発光ダイオード訴訟で、発明者の中村修二さんに出された200億円の判決と同じ訴訟です。特許法第35条には、職務上の発明をした社員には「相当の対価」を支払って、特許を受ける権利を会社に譲渡する場合を規定しています。一般には対価を1万円とか2万円（今回の場合は13万円）と極端に低く規定しているので、その発明で会社に莫大な利益をもたらした場合にしばしば訴訟になります。

●職務発明の対価

職務発明制度は、給料を貰って発明することが仕事になっている技術者が発明すると、会社の就業規則で、相当の対価を会社が支払うことによって、当該発明は会社の権利になると規定されている場合のことです。但しこの場合でも、会社は発明者に発明の対価として、相当の報酬を支払うことになっています（特許法35条3項）。しかし多くの企業では、相当の対価がたったの1万円～数万円止まりで、大発明をしても数千万円はおろか100万円も支払われることがないのが実情です。そこで大ヒット発明をした多くの技術者は、退職してまで会社を訴えることになります。東京地裁で日亜化学を訴えた中村修二さんに出された200億円の判決は、その後の控訴審の東京高裁の和解で、意味不明の6億円に減額されました。今回のブラザー工業相手の訴訟では、4億円の訴額に対して3700万円の判決ですから、10分の1以下に減額されましたが、この根拠は当該発明から生じた会社の利益に対する発明者の貢献度を10％以下と認定したからです。原告は判決の認定割合が不満で控訴したようです。

●インクカートリッジ事件

パソコンの発達とともに、小型の事務用プリンタが大量に販売されています。そこに使用されるインクカートリッジは、消耗品として本体以上にメーカーのドル箱となっています、それだけに特許紛争があとを絶たない状態です。ここで紹介する事件は、キャノンのインクカートリッジ特許を侵害されたとして、キャノンがリサイクル・アシスト社を東京地裁に訴えていた事件です。事案は、キャノンが販売したインクカートリッジの使用済のものを、アシスト社が回収し洗浄してインクを再充填したリサイクル品を、中国企業から安く輸入して国内で販売しているというものです。キャノンはインクカートリッジの製造方法の特許をもっており、その権利を侵害されたとして提訴しました。東京地裁では、インクを詰め直す行為が特許権の侵害にならない修理か、侵害になる再生産か、で争われました。キャノンの主張はリサイクル品の製造は技術が必要である再生産であるから侵害である、とするもので、アシスト社は時計の電池の入替えと同じ単なる修理品であると主張しました。

●インクカートリッジの再生販売は違法

キャノンはインクカートリッジ特許を侵害されたとして、リサイクル・アシスト社を東京地裁に訴えていた事件で、東京地裁はアシスト社の主張を認めてキャノン敗訴の判決を出しました。そして当然キャノンは知的財産高等裁判所に控訴し、知財高裁でキャノンが逆転勝訴しました。その理由は簡単に申し上げますと、リサイクル品は単なる電池の交換の如くではなく、インクを再充填するには特許に係る部分を一部改造しなければならず、新しい製品を製造するのと同じであって、権利者はその製品を差止めできるとするものです。すなわち知財高裁は、リサイクル品はキャノンの特許製品を利用して新しい製品を製造し、その製品が特許の技術的範囲に抵触する侵害品と認定したのです。最高裁もこの知財高裁の逆転判決を支持しました。

●権利消尽説は認めない

さらに知財高裁の判決を支持した最高裁の判断を判決文のまま紹介します。最高裁の判断基準は「①当該特許製品が製品としての本来の耐用期間を経過してその効用を終えた後に再使用又は再利用がされた場合（第1類型）、又は、②当該特許製品につき第三者により特許製品中の特許発明の本質的部分を構成する部材の全部または一部につき加工または交換がされた場合（第2類型）には、特許権者は、当該特許製品について権利行使をすることが許されるものと解するのが相当である」。上告人は、権利者が権利を行使して製品を販売したときは、そこで権利行使は終わっている、という理論「権利消尽説」を主張していますが、これについても最高裁判決は「特許権の消尽により特許権の行使が制限される対象となるのは、飽くまで特許権者が我が国において譲渡した特許製品そのものに限られるものである。」と判示しています。

●セイコーエプソンの場合

キヤノンとリサイクル・アシストの特許権侵害訴訟最高裁判決が出された翌日に、今度は同じインクカートリッジの特許訴訟で、権利者セイコーエプソンとエコリカ社の最高裁判決が出ました。セイコーエプソンは一審の東京地裁および控訴審の知財高裁の何れでも敗訴したので上告しましたが、棄却されてセイコーエプソンの最終敗訴が決まりました。しかしこの一連の判決の報道には、かなりの誤解を生じるような部分がありましたので、本書では、セイコーエプソン社の為にも正しい解説をしたいと思います。とりあえず結論から言いますと、セイコーエプソンの特許が公知技術と同一であるから無効である、従って権利侵害はなり立たないというものです。事案は次の通りです。本件訴訟の対象になった権利は２０００年に出願されて、２００１年12月７日に特許されたのですが、その8年前の自らの出願１９９２年２月19日出願に記載された技術を公知技術として無効であると判断されたものです。

この無効になった経緯は次の通りです。特許法44条の特許出願分割規定によって、権利者は1992年2月19日にした出願を、2000年に分割出願（出願を2件以上の出願に分けること）したのですが、法44条の規定は1992年の出願に発明が2以上包含されていることが条件となっており、裁判所の判断はその分割条件（2以上の発明包含）を満たしていないというものです。条件を満たしていると分割後の出願は元の出願日1992年2月19日まで遡及する効果があります。すなわち、2000年に分割出願したにも係わらず、法律上は1992年に出願した扱いになりますが、条件を満たしていないと、分割した時点に出願したことになってしまい、1992年から2000年までの間に他人が出願しておればその他人が先願になってしまいます。

●自らの先願で特許が無効に

権利者のセイコーエプソン社の分割出願が特許法44条の分割条件を満たしていないと裁判所が判断したことで、出願時期が遡及する効果が生じないので、元の出願と分割出願した時点の時間差（本件の場合は8年）のために、その8年の間に他人の同じ技術の出願があればそれが先願出願となります。しかし、本件の場合はもっと微妙で、その間に他人の出願があったわけではなく、自らの先の出願が1992年に公知になっている（公開公報が出ている）ために、自らの元の出願によって、せっかく分割出願して得た特許が公知技術と同じ技術（自らの1992年の出願の技術）ということで無効の判断をされたのです。特許庁は法的に分割出願を認めて特許にしたにも係わらず、裁判所が無効の判断を下したのですが、本来は三権分立で裁判所は無効の判断はできないのですが、裁判を迅速にするために、10年前から裁判所も無効の判断が出来ることになっています（特許法104条の3項）。セイコーエプソンにとっては気の毒な判決だったと思います。

国際特許はない

特許も実用新案も同じですが、審査および権利の及ぶ範囲については日本と外国の関係が複雑になっていますので、その法的仕組みを簡単に説明します。1899（明治32）年パリで締結された同盟条約であるパリ条約にその基本が示されています。3大原則、すなわち、内外人平等の原則、優先権の原則、各国特許の独立の原則があります。パリ条約の加盟国では審査及び権利の効力において、国内人国外人を問わず平等に扱う必要があります。また、条約の一国に特許出願して、条約内の他の国に1年以内に出願すると、他の国に出願する前に他人の出願があっても、その他人には特許を受ける権利がなく、最初の出願人に優先権が存在します。更に各国独立の原則ですから、条約内の一国に特許を取得しても、他の条約国に権利が及ぶことはありません。国際的に通用するいわゆる国際特許というものは存在しません。各国ごとに個別に権利を取得しなければならず、その各国ごとに取得した権利を国際特許と言っている場合もありますが、正確ではありません。

公知技術のサーチは全世界

パリ条約の原則の中で、特許権は各国に独立して権利を確保しなければならないことを述べました。それでは特許出願における発明の特許性についてはどのようになっているか、これは日本の特許法第29条1項～2項に規定があります。権利は各国ごとですが、出願時の特許性の有無については全世界が対象です。日本に先行する公知技術（一般に知られた技術）がなくても、世界のどこかに同一技術またはその技術から当業者（その業界に携わる人）が容易に発明できるものがあるときは、特許性なしとみます。それは文献に記載されている場合に限らず、実際にその物が世界のどこかで出願前に存在していることが判明すれば特許性なしです。この出願前は日単位ではなく時間単位で見ますから、同日の午前中に発表された技術をその日の午後に特許出願しても、それは出願前公知となり特許性無しとなります。しかし実際は刊行物以外で現物が出願前に存在していたとする証明は難しいと思われます。

●日本では認めない医療特許

蛋白質や遺伝子のバイオ関係の発明は特許出願でなければならないし、また医療行為は特許を取ることができません。医療行為の特許否定は日本の特許法で直接規定はしていませんが、特許法29条の産業上の利用性の規定で読んでいます。ところで日本以外の国はどうなっているのか知りたいところです。アメリカの特許法では日本のように「産業上の利用性」を定義せず、「新規かつ有用な機械、生産品、プロセス、組成物、またはそれらの新規で有用な改良発明または発見をした者は…特許を受けることができる」と規定されているだけです。「発見」を規定しているところはアメリカらしいことです。いずれにしても、産業上の利用性を規定していないことは、医療行為も当然特許の対象になるわけで、アメリカは早くから医療行為の特許を認めています。ヨーロッパは動物の治療行為も認めない法制度で、医療行為の特許は日本以上に厳しかったのですが、最近は一気に認める方向になっています。

●アメリカは先発明主義国

もう少しアメリカの特許制度の特徴的なところを説明します。アメリカは世界で唯一の先発明主義国（注）で、日本や欧州のように先願主義ではないことが最大の特徴です。このため、日本から出願するときは色々と厄介なことが起こる可能性があります。その1つが特許出願は発明者しかできず、日本のように企業が出願人になれないため、出願時に発明者が企業に当該発明を譲渡する譲渡書（アサインメント）にサインを必要とします。更に、出願人自身が真の発明者であることを示す宣誓書（デクラレーション）を必要とします。また、日本や欧州は先願主義ですから最先の出願人にのみ権利が与えられます。誰に特許が与えられるかは極めて判りやすいのですが、アメリカは後から真の発明者と名乗る者が出てきたときは、誰が真の発明者かという厄介な争いになります。

（2013年3月16日から先願主義が採用されました。）

●先発明主義の特典

この先発明主義は一方でまた特異な出願特典があります。すなわち、先願主義では出願前1時間でも技術が公知になったものは出願できませんが、アメリカの場合は1年以内に公知になったものでも、真の発明者の出願であれば新規性を認められる事になっています。アメリカ特許法第102条（b）には「その発明が合衆国における特許出願日より1年を越える以前に、合衆国または外国において、特許を受けまたは刊行物に記載されている場合、あるいは合衆国内において公に用いられ、もしくは販売されている場合」には特許を受けられないと規定しています。これは言い換えると1年以内であれば特許を受けられる、と言うことになるわけです。

●サブマリン特許

アメリカの特許制度は近年随分世界標準と合わされてきました。その制度の特異性によって、世界中が長年振り回されていました。その1つに潜水艦（サブマリン）特許がありました。これは特許出願の公開制度が無かったので、どんな出願がなさているか全く不明のうちに突然特許が下り、実施者に対して特許権侵害だと権利主張されることが多く、防御の方法がない、忌まわしい特許制度であったわけです。出願から何十年も深く静かに潜った技術が、ある日突然権利が下りて世の中に顔を出す制度です。これを潜水艦特許と言って世界中から揶揄されていました。しかもアメリカの制度は、出願から20年という期間限定がなく、権利が下りてから17年という制度になっていたので、出願から何十年も放置（実際には出願分割や変更を繰り返していた）して、世間が自分の発明を実施しているのを確認してから特許権を主張し、莫大な特許料を日本の大手メーカーはじめ世界中から徴収していました。

意匠 Design

●意匠は美感が要件

実用新案よりも多く活用されているのが意匠制度です。意匠は形状に特徴のある物の権利化には優れた効力があり、権利期間も実用新案の2倍の20年間有効です。対象になる物としては実用新案と同じく図面に表現できる有体物ですが、出願に際しては図面が必要で、正投象図法による6面図の他、参考図として立体図が、場合によっては断面図または端面図が必要なこともあります。意匠法第2条には意匠登録の対象となる物品について定義されています。すなわち「物品の形状、模様若しくは色彩又はこれらの結合であって、視覚を通じて美観を起こさせるものをいう。」物でなければなりません。模様、色彩が意匠登録の対象となることもユニークですが、上記定義の傑作は「美観を起こさせるもの」です。そもそも「美観」とはなんぞや、ということになると、それこそ定義がありません。表面を化粧板や化粧塗装されていて如何にも美しい物は理解できますが、現代アートのように複雑奇妙なものでも美観と感じる人があるのに、どの様に審査するのでしょうか。

●美感とは何か

例えば建物のコンクリートを打ちっ放しにして何の表面処理もされていない状態は、建築途上で美観なんかまるで無いと感じるのが一般的です。しかしその打ちっ放しが新たな美観として見られ、そのような建物や、内装もコンクリート剥き出しのものが多くなっています。従って美観には定義もなければ審査対象としても勘案出来ないのではないかと思われます。「美」を規定した法律は意匠法だけですが、その昔、某大学の法律を学んでいる学生が「ああ六法全書は無味乾燥なり、愛も恋も無い」と言ったという有名な話がありますが、「愛」はあるのです。児童福祉法第1条2項に「すべて児童は、ひとしくその生活を保障され、『愛』護されなければならない。」とあります。

●セロテープ（登録商標）カッター台

意匠登録しても権利範囲が狭いから、と言って意匠登録に消極的な考え方もありますが、必ずしもそうではありません。意匠は登録から20年の保護期間があり、この点でも出願から20年の特許、10年の実用新案よりも保護が厚くなっています。特許では、審査に4年、審判で3年、知財高裁で3年程度かかる場合も稀にありますが、その場合は権利の残り期間が10年しかないことになります。意匠は登録から20年ですから、審査に何年かかろうと20年は保障されています。期間の問題だけではなく、権利範囲が極めて広い場合もあります。セロテープ（登録商標）の卓上カッターは60年以上前からその形状を殆ど変えていません。変えようが無いのです。このような意匠権は極めて強力で、20年間の独占による経済的効果は図りしれません。一般に意匠は世の中に初めて出現した商品ほど権利範囲が広く、出尽くした商品ほど権利範囲が狭くなる傾向があります。従って、初めての商品では意匠が絶大な効力を発揮します。

●秘密意匠、組物の意匠、類似意匠

意匠には独特の制度があります。秘密意匠（意匠法第14条）、組物の意匠（同法第8条）、本意匠と関連意匠（同法第10条）、部分意匠（同法第2条の定義、1998年導入）等があります。秘密意匠は登録になっても公報を発行せず模倣されるのを防ぐのが目的です。組物の意匠はコーヒーカップと受皿のように、通常2物品が一体として販売されている物については、2物品を1物品として扱います。と言うのも、意匠出願は1意匠1物品が原則だからです。本意匠と関連意匠については、以前は本意匠と類似意匠制度であったもので、本意匠と類似意匠を同時に出願することによって、類似範囲が保護されることになったのです。部分意匠制度については、導入されてから従来の出願よりも部分意匠出願の方が多くなりました。その理由は、意匠出願は物品を丸ごと出願しなければならないので、丸ごとの物品の特徴ではなく、部分的な特徴のある意匠でも、本体の形状が変わると意匠も異なるので、部分の特徴を保護するためには多くの出願をする必要がありました。

●部分意匠

部分意匠について詳しく述べます。従来の制度では、例えば、メガネの蔓（ツル）に特徴があったとした場合に、メガネ全体で出願しなければならなかったので、メガネのレンズ部分の形状が異なると意匠が異なるので、レンズ部分の異なる形状についてすべて出願しなければツルの意匠の保護ができなかったのです。この不便を解消するために、レンズ部分の形状にかかわらず、ツルの部分のみを部分意匠として登録してしまえば1出願で保護されることになります。腕時計の場合についても同様で、文字盤部分に特徴があっても、バンド部分を含めた全体の出願が必要だったので、1つの文字盤の特徴を保護するためにバンドの形状が異なる毎に出願をしなければならなかったのです。自転車の場合はどうでしょうか。ハンドルに特徴があっても、あるいは車輪に特徴があっても、またサドルに特徴があっても、それぞれの特徴のある部分の出願のみで保護されるので、従来のように自転車全体の形状が異なる多くの出願をしなくても済むことになりました。

●意匠は物品の外観の特徴

特許および実用新案に共通した登録要件の一つには「自然法則を利用した技術的思想の創作」があると説明しました。それでは意匠はどうかと言えば、自然法則を利用した技術的思想の創作とはなっておらず、「物品の形状、模様、若しくは色彩又はこれらの結合であって、視覚を通じて美観を起こさせるものをいう（意匠法2条1項）。」のであって、特許、実用新案が技術を保護するのに対して、意匠は物品の外観の特徴を保護することになっています。特許・実用新案が出願前に公知になったものは保護の対象外（新規性喪失の例外規定に該当するものを除く、特許法30条）であるのに対して、意匠法第4条2項には次のような規定を設けています。意匠登録を受ける権利を有する者自らの行為によって第3条第1項第1号又は第2号（出願前に公知になっている意匠および刊行物に記載された意匠）に該当するに至った意匠も、その該当するに至った日から6ヵ月以内に出願した意匠は登録の対象とすることになっています。

●意匠出願の分割

ここで、実用新案出願および意匠出願の分割について述べます。実用新案法第11条では特許法第44条を準用していますので、実用新案出願した後で考案が複数包含された出願だと思ったときは複数に分割出願できることになります。次に意匠法10条の2には次の規定があります。「意匠登録出願人は意匠登録出願が審査、審判又は再審に継続している場合に限り、2以上の意匠を包含する意匠登録出願の一部を1又は2以上の新たな意匠登録出願とすることができる。」この規定の意味するところは、意匠出願したところ複数の物品やデザインが包含している場合とか、意匠の一部分だけを権利化したい場合に適用されます。この場合、審査において公知意匠と類似と判断されたときは、その拒絶理由を解消する場合に有効です。出願が特許庁に継続されている場合に限るのであり、審判で拒絶審決されて知財高裁で審決取消訴訟に出訴したときは特許庁を離れるので分割はできないことになります。

商標出願の分割

では商標の場合はどうか。商標法第10条には次の規定があります。「商標登録出願人は商標登録出願が審査、審判若しくは再審に継続している場合又は商標登録出願についての拒絶すべき旨の審決に対する訴えが裁判所に係属している場合（筆者注：審決取消訴訟）に限り、2以上の商品又は役務を指定商品又は役務とする商標登録出願の一部を1または2以上の新たな商標登録出願とすることができる。」、少しややこしい規定ですが、その意味するところは、商標出願したところ、指定商品（役務）が商標法上の規定に反して2区分に跨がっていた場合、あるいは正規の出願であるが、指定商品（役務）を複数に分けて別々の商標として権利取得したい場合にこの規定が適用されます。例えば複数の商品（役務）のうち、ある指定商品が先行登録商標に抵触する場合にはその部分を補正でカットすると同時に、欲しい商品（役務）を別出願で分離する場合などです。

1出願1商標複数区分

商標法では複数の区分を同時出願することを認めています。1商標1出願1分類が長年の出願規則でしたが、2002年から法律が改正されて、1出願1商標複数分類での出願ができるようになっていまので、一つの出願で多くの区分を指定でき、印紙税も節約出来ることになっています。例えば「ひまわり」という商標を文具，シャツ、玩具、お酒に出願したいときは4出願するのではなく、第

16類、第25類、第28類、第33類をそれぞれ指定して1つの出願でカバーできるようになっています。係る複数区分で1出願した場合には、複数分類すべてがOKであれば問題ないのですが、審査の結果そのうち1つの分類が何らかの理由で登録できないとすると、他の分類も全部拒絶になるので、その時は当該1つの分類を分割で切り離し、残りの分類が拒絶にならないようにします。その後、切り離した当該1つの分類について、審査官の拒絶理由に対抗して意見を述べることになります。

●和歌山ラーメン（地域ブランド）が登録商標になりました

2006年の4月1日に導入された地域団体商標（地域ブランド）制度で登録が許可された商標の一つに「和歌山ラーメン」があります。現在までに和歌山県では13の地域ブランドが登録になっています。他に「紀州うすい」（うすいえんどう豆）、「下津みかん」「有田みかん」「紀州備長炭」「紀州みなべの南高梅」「紀州梅干」「龍神林」「紀州勝浦産生まぐろ」「紀州ひろめ」「すさみケンケン鰹」「紀州箪笥」「白浜温泉」があります。これらの登録商標をよくみると「地域名＋商品名」となっています。商標法は地域名＋商品名の商標は法第3条1項3号の規定で商品の産地・販売地に相当する地域名は登録出来ないと規定されています。これは、そのような地名を1個人に登録・独占を許すと他の大多数の業者の円滑な商取引に支障をきたすからです。しかし法改正でそのような地名＋商品名の商標であっても、一定の条件で登録を許可して地域の産業の発展に結び付けようとした経済産業省の政策によって登録が許可されることになりました。

●地域団体商標（地域ブランド）

地域団体商標（地域ブランド）制度では、その登録条件は次の通りです。登録しようとする商標について、その商標が一定の地域で長年使用された結果、隣接県を含めた近隣に周知なものとなっていること、使用している商標を登録出願すること、商標が地域名（地名）＋商品名であること。しかし「さつま＋芋」「奈良＋漬」のように、すでに地名とともに普通名称になってしまったものは登録の対象外となります。登録できるのは誰かといいますと、個人ではなく組合が対象となります。従って、組合が無いけれども地域では周知という場合、例えば「湯浅醤油」などは、組合を法律に従って設立して出願すると登録の対象になります。ただし組合員でなければ当該商標を使用出来ないことになりますから、組合員を希望する者を排除するような組合は対象外となります。

（２０１５年の法改正で組合以外でもＮＰＯ法人、商工会議所、商工会でも出願できるようになりました。）

●「松阪牛」「大阪欄間」「吉野材」「京漬物」……

地域団体商標（地域ブランド）制度を活用して２０１２年７月２日現在で登録査定された近隣府県の商標を紹介しますと次の通りです。三重県は「美旗メロン」「伊勢赤どり」「伊勢茶」「伊勢ひじき」「伊賀焼」「伊勢うどん」「伊勢の型紙」「伊賀くみひも」「みえ豚」「松阪肉」「松阪牛」「大内山牛乳」「伊勢茶」「伊勢たくあん」の14件です。大阪府は「大阪欄間」「和泉木綿」「泉州タオル」「泉州水なす」「大阪泉州桐箪笥」「堺線香」「堺刃物」「泉だこ」「堺打刃物」「八尾若ごぼう」「大阪仏壇」の11件です。奈良県は「吉野材」「吉野葛」「吉野杉」「吉野桧」「吉野割箸」「吉野杉箸」「吉野本葛」「平群の小菊」「大和内鶏」「結崎ネブカ」「高山茶筌《せん》」の11件だけです。

京都は異常に多く「京あられ」「京おかき」「京人形」「京漬物」など「京」の文字を嵌めた「京」＋「商品名」が全体登録65件のうち実に44件もあって、登録に?が付きますが、65件でも京都の全出願件数の20％程度しか登録になっていないということです。和歌山も「熊野材」「熊野牛」「湯浅醤油」「竜神温泉」「勝浦温泉」「太地くじら」などは勿論、なんでも紀州を付けて登録を求めれば、と思います。例えば「紀州桃」「紀州柿」「紀州くえ」「紀州手毬」「紀州材」「紀州牛」「紀州文旦」「紀州梅」というがごときです。

●京都ブランドが最多登録

地域団体商標は、従来から地域ブランドとして定着していたものに法的保護を与えるものであり、登録になった後はその活用が重要となります。２０１５年現在、全国で５７０件が登録になっていますが、京都の65件が最高登録数であり、京都に次いで多いのは歴史的文化の継承と伝統産業が今も保存活用されている石川県の26件ですが、そのうち温泉が6件（山代温泉、片山津温泉、和倉温泉、山中温泉、粟津温泉、芦原温泉）登録されています。地域団体商標に登録されますと、登録権利者である組合の組合員しか使用できないので、品質を一定に保ちブランド力を高める効果が大きいと思われます。

●関さば、関あじ

法的に保護された地域ブランドは、従来のように誰でもが使用でき、品質も一定でなかった商品に社会的な信頼度を高め、延いてはその地域の産業の活性化を図ろうとするものです。従来ですと例えば「関さば」「関あじ」についていえば、定義がなく漠然と誰でもその名称を使用してこられただけでなく、実際には豊後水道海域で水揚げされたものでなくても当該名称を付して販売されることもあり、商品の品質が一定でない恐れがありました。それが登録になることによって、商標の使用者が限定され、当該名称を使用する「あじ」「さば」についても水揚げ海域が限定されて一定の品質保証がされることになります。このことは同じく著名な「松阪牛」においても同じですが、温泉名を登録してどうするのかという意見もあります。温泉名は登録する事により旅館やホテルが無闇に「～温泉」と名乗れないことになって、やはり温泉の品質の保証を利用者に認められることになりますし、温泉水の販売においても地域団体商標が威力を発揮すると思われます。

「本生」登録商標が無効

アサヒビールが指定商品『発泡酒』で商標「本生」を出願し登録になりましたが、無効審判で無効になった事件があります。この事件は、特許庁が一旦登録を認めたにも係わらず、商標法3条1項3号（品質表示に過ぎない）によって無効審決が出され、アサヒ側は審決を取り消す訴訟（審決取消訴訟）で特許庁長官を被告として東京の知財高裁に提訴しました。知財高裁は特許庁の審決を支持してやはり無効としました。「アサヒ本生」（登録第4520207号）の登録商標は存在するのですが、これは「アサヒ」の部分によって登録が維持されています。次に「ひよこ型菓子」の立体商標を認めた特許庁に対して、博多菓子工房の二鶴堂が無効審判によって無効にし、権利者の「ひよ子」側が最高裁で争って、結局無効になった事件があります。その理由は、ひよこの立体を使用している業者が全国で23もあり、「ひよ子」が独占すべき立体商標ではないという判断です。因みにひよこ型の菓子は江戸時代から東京の老舗菓子メーカー「とらや」が使用していたとのことです。

●登録商標「阪神優勝」事件

2002年2月に「阪神優勝」という商標が登録され、その後無効になって物議をかもした登録商標の事件が有りました。千葉県の衣類販売業者が登録したのですが、目先の効いた人というべきか、紛らわしいことをして迷惑な輩と見るべきか、意見が分かれるところです。すくなくとも私は法の盲点と審査の穴を突いた面白い出願だったと思います。ただ、世間は大騒ぎしましたが、登録された商標は商標法上全45分類のうち3分類だけですから、残り42分類に関しては阪神タイガースが自由に使えたわけです。この登録商標は3年後に無効になったわけですが、その理由を説明しましょう。登録になったときは阪神タイガースが2年間最下位をのたうち回っていて、誰も優勝するなんて思ってもいなかった時でした。また「阪神優勝」「阪神」はなにも球団のタイガースを示すものではなく、大阪・神戸の地名の略称に過ぎないと考えられ、商標の要部は「優勝」部分にあったと考えられます。従って審査官が登録を認めたことはその時点では間違いではなかったと言えます。

●商標は生もの

「阪神優勝」という商標が登録され、その後無効になって物議をかもした登録商標の事件について、なぜ登録になったものが簡単に無効になったかは前記のとおりです。登録そのものは商標法3条および4条の不登録事由の何れにも該当しなかったと判断されます。しかしその2003年9月に阪神タイガースは優勝してしまい「阪神」は「阪神タイガース」を指すということが全国的に認められるようになりました。現実に優勝して阪神タイガースが持つべき登録商標「阪神優勝」を他人が所持していると、世間は混同を起こすことになりますから、商標法4条1項7号（公序良俗違反）に該当して登録は無効となったのです。このように商標はなまもので、時代によって効力を失ったり無効になったりします。

●登録商標の普通名称化

「ポリバケツ」「プラモデル」「巨峰」「正露丸」を思い出して下さい。これらはそれぞれバケツ、模型、ぶどう、薬の登録商標です。殆どの人は登録商標と意識せずに使用していますし、使用しても登録商標の権利者からクレームを受けることはありません。これらの登録商標は、あちこちで使用されたにも係わらず、権利者が権利行使（差止請求、損害賠償請求）をしなかったか、行使しても完全に封じ込まなかったものです。その結果、それは権利者が権利放棄した登録商標と見做され、世間は登録商標ではなく、一般名称と認識し、それが長年のあいだに一般名称化して権利行使を出来なくなったものです。これを「登録商標の普通名称化」と言って、有名になった登録商標が最も恐れる現象です。「セロテープ」が危機にあります。まさに登録商標はなまものです。

●ポリバケツ、プラモデル、ジープ、ラジコン、……

そのような運命を辿った登録商標としてポリバケツ（プラスチックバケツ、積水化学工業）プラモデル（プラスチック模型、マルサン商店）巨峰（葡萄、巨峰保存会）、正露丸（腹痛治療薬、大幸薬品）を例に挙げました。ついでにこの他にどの様なものが普通名称化してしまったかを列挙します。

「ジープ」（四輪駆動車、米国クライスラー社）、「ラジコン」（無線操縦玩具、増田屋斉藤貿易）、「パンスト」（パンティストッキング、保土ヶ谷ナイロン編物）、「うどんすき」（料理、薩摩卯一）、「アラルダイト」（接着剤、スイスチバガイギー社）、「クレパス」（筆記具、クレパス本舗）、「マジックインキ」（筆記具、内田洋行）、「テトロン」（繊維、帝人・東レ）「セスナ」（小型飛行機、米国セスナ社）、「カッターシャツ」（ワイシャツ、美津濃）、「アイスノン」（冷却剤、鎌田商会）、「えびせん」（せんべい、カルビー製菓）、「じゃばら」（果実、北山村）など、いくらでもあります

●ほっかほっか弁当が消える?

最近の情報によると、長年親しまれた「ほっかほっか弁当」が商標でゴタゴタしているということです。事の発端は各種報道によると、株式会社ほっかほっか亭総本部（東京）と株式会社プレナス（長崎県佐世保市）の間で登録商標の使用料で紛糾したということです。そこで私が両者の商標権がどうなっているかを調べましたところ、次のことが分かりました。株式会社ほっかほっか亭総本部が所有する主な登録商標は登録第3069691号商標「ほっかほっか亭」1995年登録の指定商品・飲食物の提供であり、株式会社プレナスの所有する登録商標の主なものは登録第1559683号商標「ほっかほっか亭」1983（昭和58）年に登録、指定商品・加工水産物、加工野菜などの加工食品他）および登録第4845424号商標「ほっかほっか亭」2005年に登録、指定商品・加工水産物、加工野菜他多数です。

●指定商品（役務）が異なれば別商標

株式会社プレナスと株式会社ほっかほっか亭総本部の所有する登録商標は他に指定商品の異なる登録商標を所有しています。前者は「新聞・雑誌」「文房具、事務用品」を指定商品とするもの、「アイスクリーム、菓子、パン、すし」「ビール、清涼飲料」を指定商品とするもの等の登録商標を所有し、後者は「経営診断および指導」を指定役務とするもの等です。ところで「ほっかほっか亭」によく似た商標が他社でも登録されています。一例を挙げると「ほっかぽっか」「ほっかほっか特急便」「ほっかほっか」「ほっかうま」などがあります。株式会社プレナスは今回の紛争を契機に商標を変更するというコメントが伝わっていますが、たとえば「ほっか亭」「ほかほか弁」「ほっか弁」「ホットホット」「ホット弁当」などの商標に変更することは可能です。しかし商標は極めて重要な知的財産であり、一朝一夕に信用や財産価値が蓄積されるものではないので、一旦使用した商標は永久にそれを使い続けるのが本来の姿ですから、安易に変更しないのが鉄則です。

●「桂小五郎、高杉晋作」ら歴史上人物の商標登録は可能か

桂小五郎、高杉晋作、吉田松蔭らの歴史上の著名人を商標登録出願した会社が東京にあり、彼らの出身地の山口県萩市が異議を唱えている、というニュースがありました。これらの歴史上の人物の商標登録が可能であれば、平清盛、源義経、豊臣秀吉、徳川家康、清少納言、紫式部、織田信長、パブロ・ピカソ、チャップリン、モーツァルトなどの誰でも商標として所有したい歴史上の超有名人の商標登録が取り合いになって、たちまち混乱を起こしてしまいそうです。しかし法律上は登録が可能であって、実際にそれらの登録商標が存在します。特許庁の特許情報プラットフォーム（Ｊ－Ｐｌａｔ

Ｐａｔ）を検索したところ、「豊臣秀吉」が４件、「紫式部」が15件、「ピカソ」が26件、「チャップリン」が３件、「徳川家康」が３件、「清少納言」が４件、「モーツァルト」が20件、「織田信長」が７件、「平清盛」が４件、「源義経」が３件それぞれ登録されているのが確認されました。ではなぜそれらの人物名を個人が登録出来るのかを説明いたします。

●他人の氏名は登録できない

桂小五郎、高杉晋作、吉田松蔭らの歴史上の有名人を商標登録できるか、ということに対して、源義経、豊臣秀吉、徳川家康、清少納言、紫式部、ピカソ、チャップリン、モーツァルトなどの歴史上の超有名人がそれぞれ多く商標登録されていることを述べました。商標法上の建前は、誰でもが使用したい名称は登録させないことになっており、商標法第３条１項１号～６号、同４条１項１号～19号にはそれらの登録出来ない商標が細かに規定されています。人物については商標法３条１項４号「ありふれた氏又は名称」、同４条１項８号「他人の肖像又は他人の氏名若しくは名称若しくは著名な雅号、芸名若しくは筆名若しくはこれらの著名な略称を含む名称」は登録出来ないとしています。ありふれた「氏」とは田中、鈴木などであり、名称とは芸名、雅号、筆名、屋号などであり、「都はるみ」「五木寛之」などです。ここでは「氏」と規定されているので「氏名」は除かれますが、他人の氏名を登録する事は出来ません。

●山口県萩市のクレームは？

なぜ桂小五郎、高杉晋作、吉田松蔭らの歴史上の有名人を商標登録できるかといいますと、商標法は人物については3条1項4号と4条1項8号に規定している場合に限って商標登録出来ないからです。その両規定は有名人やありふれた氏・名称の登録を禁止するのみで、これはあくまでも現存する人、すなわち生きている人が対象であって、過去の人、すなわち死んだ人は不登録事由から除外されています。従って歴史上の人物は不登録事由には該当しないのです。超有名人が死ぬと商標法3条および4条の不登録規定から外されるので、極端に言いますと死にそうな有名人を狙って商標登録出願する事だって法律上は可能です。いずれにしましても今回の桂小五郎らの事件については、山口県の萩市が容認できないとして、異議の申立をしていますが、すでに桂小五郎で2件、高杉晋作で1件、吉田松蔭で3件登録になっており、特に吉田松蔭については1963（昭和38）年に賀茂鶴酒造（広島県西条）が登録しています。異議が通るのは難しいと思われます。

●中国の不法な商標登録

2008年4月9日に各全国紙を賑わした記事があります。〔「中国で勝手に商標申請」（読売新聞）というものです。事案と記事の内容はざっと次の通りです。日本で地域団体商標（地域ブランド）登録制度が2006年4月にスタートしました（和歌山でも「有田みかん」「和歌山ラーメン」「紀州備長炭」などが登録になっています）が、これらの著名な地域ブランド（九谷焼、美濃焼、松阪牛、鳴門金時等）を中国が勝手に登録している事実が日本貿易振興機構（ジェトロ）の調べで判明した〕というものです。これらの商標が一旦登録されてしまうと、異議申立や無効審判等で商標を取り消してしまわない限り、上記商標を付した日本の名産品が中国で販売できないことになります。莫大な費用をかけて登録商標を買い取るか、商標を変更して販売しなければならなくなります。それよりも中国国内で偽の有田みかん、和歌山ラーメン、紀州備長炭、九谷焼、美濃焼、松阪牛、鳴門金時などが大量に出回って国際的に大混乱になる危険性があります。

著名な地域ブランド（九谷焼、美濃焼、松阪牛、鳴門金時等）を勝手に登録している以外に、中国では日本の著名な商標や、本来日本では登録できない商標（産地、販売地、原材料、品質、等級等）を勝手に登録していた事案はいくらでもあります。しかし、パリ条約の同盟国は、他の同盟国で周知・著名な商標の登録を禁止しています（商標法６条の２）ので、「松阪牛」などの商標がそれに該当していれば当然、取消・無効の対象となります。一旦登録されてしまうと無効にするには時間と費用が掛かってしまいますので、中国で登録されて困る商標は事前に登録しておくのが無難でしょう。中国の商標法にも日本と同じように登録後3年間不使用であったり、不正使用や公衆を欺く使用の場合は当該登録商標を取り消すことができる（中国商標法第４４条４号）ので、上記のような被害に遭っても、取消手続をすることが出来ます。

●おいしい商標ビジネス

中国でビジネスをする日本企業は中国に察知される前に早く商標戦略を立てる必要があります。それは中国では商標ビジネスはほとんど元金が無くても美味しい利益を得るビジネスとして定着しているからです。２０１４年度の中国における商標出願件数は驚愕の１４０万件と言われています。日本が世界一だったころでも10万件前後であり、正に天文学的数の出願であり，その大部分が本来のビジネスで必要な商標出願ではなく、世界中の有名な商標を片っ端から出願して高く売り付ける商標ビジネスのものであると思われます。こんなに異常な出願件数だと、中国国家工商行政管理総局も多分審査をまともにしておらず、それ故に国際的に係争になる商標が、次から次へどんどん登録になってしまうのでしょう。2014年度の中国の特許出願および実用新案出願の合計も130万件を越したと言われています。これは中国の知的財産に対する関心が高まって、国内の技術開発が増加したのではなく、世界中の技術を模倣した模倣出願が大部分と言われています。

●1982年に制定された中国の商標制度

中国の商標制度は1982年に制定されており、特許制度よりも3年先行しています。そして2002年に中改正がなされ、登録される商標は顕著な特徴を有し容易に選別できるものであること（中国商標法第9条）、立体商標の登録を認める（同法第12条）とともに、著名商標の保護を図る（同法第13条、14条）ことにしています。一方で地理的表示（地名でも善意で既登録されたものを除く、同法第16条）、商品の品質、原材料、用途、効能、重量、数量、普通名称、型番等については原則として登録を認めないこととしている（同法第11条）。この辺りは日本の商標法の3条1項各号をそのまま採用したと思われ、日本の商標制度を取り入れているのですが、中国独特の法制度も随所に見かけられます。国家が登録商標を使用すべき旨を定めた商品については商標登録出願しなければならない（同法第6条）。日本でも新薬の許可を取り販売するときは商品名が必要ですが、もちろん商標法にそのような規定はありません。

●中国では行政が取締りの権限を有する

改正された中国の商標制度は日本に近い法制度です。その1つに他人が既に使用している周知商標の保護も図り（中国商標法第31条）、損害額の認定についても、侵害者の得た利益または被侵害者の損失が賠償額と規定しています（同法56条）。中国独特の制度では、審査および商標権の保護に面白い規定があります。「商標登録出願と商標再審請求は、即時に審査しなければならない。」（同法35条）。「登録商標専用権を侵害する行為に対して、工商行政管理部門は・・取締る権利を有する」（同法54条）。工商行政管理部門とは中国の県（省の下部組織）以上の行政単位に設けられている組織で、知的財産権の取締りも行い、日本で言えば和歌山県が知的財産権の侵害を取り締まるようなものであって、ちょっと考えられない規定です。中国の特許法および商標法では、この工商行政管理部門の権限が、司法と並列に規定されていることが多いのが特徴です。なお、刑事罰については商標法ではなく刑法で別途規定されています。

著作権 Copyright

●機械の取扱説明書は著作物か

著作権ほど分かりにくいものはありません。先ず、何が著作物かで議論がある上、著作権の侵害態様が実に様々であり、更にしばしば法改正があり、特に著作権の保護期間についてはどんどん長くなっておりその点での争いが絶えません。何が著作物かについては、私の経験で、東京地裁で機械の取扱説明書（いわゆる取説）は著作物かどうかの判断せずに和解がありました。主観の入らない取説は誰が書いても同じものになる可能性があり、著作権法第2条1項1号の「著作物」には当たらないとした判断がはたらいたかも知れません。これに似た事件で、２００８年5月に裁判の傍聴記が著作物かどうかで争われた事件が東京地裁および知財高裁でありました。傍聴記をインターネットで公開した原告が、その後無断転載され著作権を侵害されたとしてヤフーを提訴した事件です。地裁で敗訴した原告は知財高裁に控訴したがここでも敗訴。その理由は、裁判の傍聴記は単なる記録であり、事実の伝達に過ぎず著作物では無いというものです。

●チャップリンの映画

著作権の保護期間についてはどんどん長くなっており、その点での争いが絶えないと説明しましたが、ここに紹介する事件も、保護期間と誰が著作者かという厄介な問題を含んだ争いです。世界的な著名俳優であるチャップリンが制作した名作映画に「黄金時代」「モダンタイムズ」「独裁者」「ライムライト」などがありますが、これらの映画を格安DVDとして販売した会社が、チャップリンの著作権を管理するリヒテンシュタイン国の法人に著作権法違反で提訴された事件です。被告の主張は、これらの作品は映画製作会社が著作権を保有しており、その場合は旧著作権法では映画の公表後33年である（現在は70年）のでいずれも期間満了であると言い、一方、著作権者側はこれらの作品はチャップリンの著作物であり、旧法では著作者の死後38年間が有効期間であり、死亡したのが1977（昭和52）年であるから、いずれも保護期間内であると主張。知財高裁の判決はチャップリンの著作物であると断定し、被告の敗訴となりました。

●書物のタイトルの著作権

少し古い話になりますが、著作物かどうかで争われた事件が2008年5月29日に大阪地裁と控訴審の大阪高裁で判決がありました。事案は書物のタイトルの著作物性の争いで、原告の法律実務書のタイトルが「時効の管理」であり被告の書物のタイトルが「時効管理の実務」です。書物の題号の著作物性について争われた事件は珍しく、本件も裁判所は苦労した感じがします。判決では一審も二審も時効に関する法律問題で使用不可避の用語である「時効」と、日常普通に用いられる「管理」を組み合わせただけで、しかも僅か5文字に過ぎないありふれた表現であるから著作物性は無しと判断しました。この事件は不正競争防止法および商標法として見ても興味がありますす。「時効の管理」が周知であれば4文字が共通した「時効管理の実務」は危ないかも知れないが、前者に周知性が立証されていないのでその主張は無理です。商標法的に見ても、両者は4文字が共通しているが、「実務」の存在の有無によって混同を惹起するとは思い難いので両者は非類似でしょう。

●森進一の「おふくろさん」騒動

「♪おふくろさんよおふくろさん、空を見上げりゃ空にある…」と掠れ声で歌い出す歌手の森進一のヒット曲「おふくろさん」が揉めていました。何で揉めているかと言えば、作詩家の川内康範氏が作詩し、故猪俣公章氏が作曲した曲に「心配かけてばかり…」という「前セリフ」を付けて川内康範氏の著作権を侵害したというものです。そしてこの事件は泥沼化して森進一氏は「おふくろさん」を一時歌えなくなりました。では著作物である歌詞の前セリフが何故川内康範氏を怒らせたかというと、著作権法には著作者人格権というのがあります。ここが知的財産権の中でも特異なところです。それは「公表権」18条、「氏名表示権」19条、「同一性保持権」20条の3つの権利であり、そのうち同一性保持権というのは、著作物を著作者の了解なしに変更、切除その他の改変をしてはならない事になっています。本件はこの第20条に反するとして川内康範氏がクレームを付けたことが始まりですが、その後も森進一氏は川内氏の意向に反して変更したものを歌い続けているようです。

●同一性保持権

詞を作った作詞家の川内康範氏が厳正に対応したことが、冷たいとか、厳し過ぎるのではないかとか、人情がないとの声もありますが、どうも日本人は著作権をはじめ、知的財産権のような目に見えない無体財産権には、財産価値を軽視する傾向があります。しかし、著作権法第119条には前記のような違反を冒した者は、懲役5年以下若しくは罰金500万円以下の罰則が定められており、当然のことながら人の所有物を盗む一般の窃盗罪と同じ立派な犯罪です。従って権利者が厳しく対処していることに対する非難の声は、法治国家の批判ではありません。中国が知的財産権を守らないといって、大騒ぎしていることが恥ずかしくなります。

●森進一氏の大人の対応

おふくろさん騒動で、歌手の森進一氏が、法的問題が解決するまで唄を凍結して歌わないと宣言したのは、大人の対応というか法を遵守するリーガルマインドが備わっていると思えて、さすがは一流歌手だと敬意を表します。著作権法に違反することは、その行為によっては一般の窃盗と同じであることを知らなければなりません。著作権法違反が日常的に行われているのが日本の社会であり、例えば学者の論文盗用、新聞記者の他人の記事の盗用、そして著作権には最もうるさく且つ厳正に対応している はずの新聞社が、こともあろうに他社の社説を盗用して自社の社説として掲載しているなんて事は言語道断です。他人の著作権を護ること、また自身の著作物を保護されることによって、その存在が成り立っている学者や芸術家、そして新聞・テレビなどのマスコミが他人の著作物を平気で盗用する国民は、法治国家の国民とはいえません。著作物が完全に保護されて有効に活用されてこそ、創造性豊かな社会だと言えます。

●映画館での撮影は不可？

映画館で映画を見ながら個人のビデオカメラを廻して上映中の映画を撮影すればどうなるか、について解説します。勿論、公表後（上映後）70年経って著作権の消滅した映画については問題ありませんが、著作権の消滅していない映画について、２００７年5月に法律「映画盗撮防止法」が制定されました。著作権法では個人が個人的に鑑賞するために映画館で録画するのは違法ではないと考えられますが、右法律では個人が個人のために使用することは侵害にならないとする30条の適用はしないことになっています。近年のビデオカメラは市販の個人的なものでもデジタル化して映像が美しいばかりでなく、アナログと違って短時間に多く複製でき、しかも何回複製しても映像が悪くなりません。ここに問題があり、個人的な使用のみならず海賊版の温床となる危険性がはらんでいますので、これを法的に規制しました。

●デジタル技術による複製

デジタル技術の発達によって、著作権に対する法的措置が後手後手になっている感があります。そもそも現行の著作権法は、デジタル技術による著作権侵害を想定していませんでしたので、至る所で問題が生じています。特にインターネットの急速な普及によって、直接複製する従来の手法でない著作権侵害の問題が生じています。一旦ネット上に著作物が流出しますと、誰でも何処でも何時でも当該著作物に接することができて、利用することはもちろん、音楽著作物に関しては、交換ソフトが出現してからは無限界に侵害が広がりました。インターネット上で多様化した侵害類型に、法律が対応できていないのが現状で、いちいち裁判にかけて侵害を排除しなければならなくなっています。なお、インターネットによる法律違反は、著作物に限らず、刑法の公序良俗に関しても問題が生じています。

●新聞の折込広告の著作物性

著作物であるか否か具体的なもので説明しましょう。金曜日や土曜日になると、配達される新聞に沢山のカラフルな折り込み広告が入っています。ここには多くの商品の写真や価格が掲載されており、消費者の購買意欲をそそるような編集がなされています。では他人がこのチラシとそっくりなもの、すなわち模倣と言われる範囲の物を作成して折り込み広告にしたらどうなるでしょうか。まず、チラシに掲載された商品の写真は、写真の著作物が認められていますので、これは著作権法に示した著作物になることも考えられます。それではチラシそのものが著作権法で保護する対象になるかどうかですが、チラシは人間の内面から生じる思想・感情を創作的に表したものではなく、商品を販売する目的に制作されています。従って、そっくりなチラシを制作されても、著作権法侵害で対抗することはできないでしょう。但し、個々の写真がチラシからそのまま複製したものである場合には、写真の著作物侵害になる危険性もあります。

●個人使用は侵害にならない

ところで機械の取扱説明書がそっくりそのまま真似された場合には著作権侵害の可能性もありますので、表現は変えるべきです。著作権法は一方で著作物を著作者に無断で複製する行為でも「著作権の制限」としてかなり多くの場合を認めています。著作権法では第30条～第50条に規定されていますが、順次説明します。先ず、第30条は「私的使用のための複製」です。条文には「…個人的に又は家庭内その他これに準ずる限られた範囲内において使用すること（私的使用）…」は原則無断で複製することが出来るとしています。しかしこれには例外があり、私的複製でも業務用に使用する目的で複製することは認めない他、デジタル機器での複製の場合は有償であることが規定されています。

●学校教育の目的使用と入試問題の著作権

著作権法第33条1項は「…学校教育の目的上必要と認められる限度において教科用図書（…省略…）に掲載することができる」としていますので、著作者に無断で掲載しても著作権侵害にはなりませんが、同2項で「…著作物の種類及び用途、通常の使用料の額その他の事情を考慮して…補償金を著作権者に支払わなければならない」と規定していますので、無償で勝手に掲載できるのとは事情が異なります。

次に入学試験や学力試験の問題に、他人の著作物を勝手に使用できることを著作権法第38条に「入学試験その他、人の学識技能に関する試験…の問題として複製…を行うことが出来る」とあります。この場合も勝手に使用することができますが、教科書への掲載と同じく補償金を支払うよう規定していますし、著作権者の利益を不当に害することになる場合はこの限りではありません。

学校教育番組の放送においても前2件と同じ扱いです（著作権法34条）。

●時事と政治

新聞や雑誌に掲載された経済上または社会上の時事問題に関する論説については、他のマスコミにおいて、これらを転載または放送することを自由としています（著作権法39条）。これは、時事問題について公共性の高いマスコミ各社の考え方や論調を広く国民に知らしめることが必要だとした、まさに民主主義の規定であると思われます。しかし執筆者の署名があるもの、転載を禁じる表示があるものはこの限りではないでしょう。政治上の演説や陳述に関しても自由に利用することができます。これも民主主義社会において政党の考え方や政治の方向等の政治的思想は、広く国民に知らしめることが必要であるとしたことが根拠と思われます。ところで上記時事問題記事や政治上の演説を勝手に利用しても、教科書に掲載した場合のように補償金を支払ったり、報告することについて法は規定していません。また時事問題の報道では、正当な報道の範囲において他人の著作物を利用することになっても許されると解釈されます（著作権法41条）。

●他人の著作物の引用

論文を書いたり、自己の主張をする場合に、他人の意見や論調、著作物を引用する場合が多々あります。これらの引用については、研究論文をより判りやすくするために、他人のものと比較することが必要であると考えられるからで、次の条件のもと、著作者の許可無く使用することができます。①引用目的が明確であること、例えば自己の論述の補強に使用する場合があります。著作権法第32条には、目的上正当な範囲内で報道、批判、研究と例示していますが、それに限定されるものではありません。②明瞭な区分が必要です。自己の主張部分と引用部分は括弧などで物理的に明確に区分します。③主従関係、すなわち自己の著作が「主」であり、引用した他人の著作物が「従」でなければなりません。これが逆だと、他人の著作権侵害になる可能性があります。④必然性があります。これは必要な時に最小限度において引用することであり、意味もなく他人の著作物を引用することは好ましくありません。⑤著作者人格権への配慮です。名誉毀損にならないよう注意が必要です。

●著作権の登録

著作権は特許や商標と異なり、著作物を創作したときに権利は発生します。権利期間は著作者の死後50年間ですが（TPP条約により70年になります。）映画の著作物は公表後70年となっています。本来、著作権は何らの方式の履行がなくても発生し、著作権を取得するための登録制度はありませんが、相続・担保・信託などの権利の保全、売買の権利移転などの著作物の帰趨を明確にし、第三者対抗要件を付与するための登録制度があります。次に著作者が実名でなく変名で著作物を公表した場合に、当該著作物について実名の登録を受けることができますが、この登録は遺産相続のときに有効になります。さらに著作権者はその著作物について、第一発行年月日の登録または第一公表年月日の登録を受けることができます。この登録のメリットは、同様の著作物やプログラムが後日発生し、著作権侵害の争いがあったときに訴訟上、有利になります。

●映画「シェーン」は著作権切れ

2007年12月18日最高裁が画期的な面白い判決を出しました。往年の名作映画「シェーン」の著作権を巡って、著作権を侵害した？業者と名作映画「シェーン」の制作者との争いに決着をつけました。著作権法第54条によると、映画の著作権は映画公表後70年です。この70年の期間とする法改正があったのが2003年で、それまでの著作権の保護期間は50年でした。もちろん映画以外の小説や絵画、音楽等の著作権は今でも著作者の死後50年の規定は変わっていません（著作権法51条）。結論から言いますと最高裁の判決は名作映画「シェーン」の制作者の敗訴です。これは一審も控訴審も同じで、最高裁が追認したにすぎないような判決ですが、その理由は、名作映画「シェーン」の著作権は2003年12月31日午後12時に存続期間が満了しており、法改正で20年延長された著作権が及ぶのは2004年1月1日午前0時に著作権の存続期間を有していた著作物に限って延長される、というものです。

●午前0時と午後12時は同じか

原告の主張によりますと、映画「シェーン」の著作権の存続期間満了が2003年12月31日午後12時であり、それは2004年1月1日午前0時と同じであり、従って2004年1月1日から20年延長される法改正が適用されて20年間延長される、というものです。それにも係わらず最高裁は一審、控訴審の判決通り原告敗訴の判決を支持しました。その理由は存続期間20年が延長されて70年の保護期間になる法改正が適用されるのは、2004年1月1日午前0時に存続期間を有する著作物に限られるからです。では2003年12月31日午後12時と2004年1月1日午前0時は違うのでしょうか。

実は12月31日午後12時というのは存在せず、12月31日は午後11時59分59秒迄であり、次の1秒の1月1日午前0時は翌年になるということのようです。

その他 the Others

●知的財産権講座

TPPでも知的財産の扱いについては主な交渉項目に上げられていますが、では知的財産とは何か、どの範囲を示すのか、法的にはどの様になっているのか、実務上どのように役に立っているのか、等についてしばらく連載したいと考えています。知的財産というのは人間の頭脳の所産物ですから、あらゆる人智の限りを尽くした発明から、単なる思い付きまで、すべて知的財産です。金融商品、政治手法、パズルのようなものからiPS細胞、病気の治療に至るまで、人間の頭脳の所産物はすべて知的財産ですが、そのうち、法律で保護して法的権利を付与したものが知的財産権（知財）と言われるものです。その知財の範囲は特許、商標、著作物を代表的なものとしていますが、その外にも相当な拡がりを展開しています。そして知財の最大の特徴は、無体財産権であることと有限財産権であるということです。民法上の財産は全て有体財産権（不動産も含む）で、無期限財産権ですが、知財は無体財産権で多くの問題点があり、又ほとんどの知財には有効年数があります。

●知的財産権のカテゴリー

無体財産権である知財の種類には2つのカテゴリーがあります。1つは国に申請して、審査され、登録になり知財として権利が発生するもの、今1つは申請も審査も登録も必要なくて権利の発生するものです。前者には産業財産権（工業所有権）と言われる、特許権（特許法）、実用新案権（実用新案法）、意匠権（意匠法）、商標権（商標法）がありますが、これらは特許庁管轄で、特許庁に出願して審査を経て登録になります。また農林水産省管轄の育成者権（種苗法）および経済産業省管轄の半導体回路配置利用権（半導体集積回路の回路配置に関する法律）があります。後者には代表的な著作権（著作権法）、不正競争防止法関連の法益があります。このほか独占禁止法では知財を有するものについては適用除外規定があり、関税法では知財を侵害する貨物の税関での輸出入が阻止される特権があります。特許権は権利期間が出願から20年、実用新案権は10年、意匠権は登録から20年、商標権は登録から10年（更新により存続）と、それぞれ有限です。

●拒絶査定不服審判

審査において不幸にして拒絶査定になった時はどうすればよいか。それは審判を請求することにより拒絶査定が解消して救済される可能性があります。審判は拒絶査定不服審判と言い3人の審判官の合議によって審査の結果を一から見直す制度です。この審判の段階でも、明細書の補正は勿論、出願分割、出願変更が可能です。拒絶査定を受けてから3ヵ月以内に審判を請求する事が出来ますが、審判請求後は明細書、図面の補正は出来ないので、審判請求時に確りした審判請求書を作成する必要があります。特許庁の審査・審判は書面審理が原則ですが、審判官に面接して発明内容の技術的説明をする事は勿論許されています。逆に審判官から技術説明を求められることもあり、説明書面を提出するなり、特許庁に出向いたりする必要があります。

●面接審査

特許庁は最近、面接審査を以前に較べて積極的に採用しています。特に審査の段階においては、拒絶理由通知を受けた出願人が、審査官の引用技術に対して、出願技術との相違を説明するのに多く採用されています。審査は原則書面審理ですから、特許明細書や図面からは充分に発明者の意図が伝わらないことがあります。これは出願人（代理人弁理士）側の特許明細書が充分でない場合もありますが、審査官の技術の読み違い又は技術の拡大解釈によって、公知技術が引用される場合が多々あります。公知技術から当業者であれば容易に発明する事ができた技術は拒絶理由の対象（特許法29条2項）となっていますので、出願の技術は引用技術と同じではないけれども29条2項によって拒絶されることになります。この場合、書面で意見書・補正書を提出しますが、審査官とのディスカッションによって、引用技術から出願技術が容易に発明されたものではないことが明確になるケースがあるので、重要な出願の場合は審査官と面接することも一考です。

●審査官の直通電話番号

具体的にどのようにして面接するのかを説明します。特許出願に関して審査官から拒絶理由通知を受けた場合、原則書面応答ですが、それでは充分発明の技術を伝えられないと思ったときに面接を電話で申し込みます。電話番号は拒絶理由通知書の最後に審査官（又は審査官室）の直通電話番号が記載されていますから、直接電話して面接を申し込みます。面接する時は予め補正書と意見書を作成して持参するのがいいと思います。面接時間は午前10時から午後4時頃までですが、午後の方が受けて呉れ易いようです。面接する場合には出願発明と引用発明の違いを充分認識して、審査官との技術論争に備える事が大事です。通常の場合、面接は1時間以内ですが、それ以上を要する時は拒絶理由が解消しない場合が多いと思われます。特許庁への入館はセキュリティが厳しいので、予め面接者の氏名を審査官に連絡しておく必要があります。そうする事によってセキュリティを簡単に通過できます。

●中国における知的財産権保護の限界

最近新聞に報道されている事件で、欧米諸国が一斉に中国の知的財産権保護が充分でないと非難し、WTO提訴も辞さないとの強硬な態度に出ていることが目をひきます。確かに中国の知的財産権制度は、法的にはある程度制定されていますが、その保護は明らかに不充分です。これには次の4つの理由があり簡単なことではありません。1つ目は中国の国土の広さです。日本の26倍ありますが、26倍という国土は数字だけではピンときませんが、北海道が26個ある、九州が26個ある、本州・四国がそれぞれ26個ある、和歌山県が今の面積より26倍広い、と考えるとその膨大な国土が想像できます。2つ目は人口の多さです。14億人といえば日本の12倍です。世界の人口の4分の1を占めています。3つ目は中国の歴史です。数千年にわたって帝政国家であり、1949（昭和24）年の革命後も一党独裁の共産国家であり、法律を制定して法律に従う法治国家ではなく、また民主主義国家ではありません。4つ目に国民の間に知的財産権を保護することの意味が理解できていないことです。

●リーガルマインドの欠如

先ず第1は中国の国土の広さについてですが、国土が広いということはそれだけ法律の浸透力が弱いということになり、どこで違法行為が行われているのか、製造者や販売者がどこに存在しているのかが掴みにくいということです。そして違法者を一旦摘発しても、また何処かで違法行為を繰り返している可能性があり、国土の広さが邪魔をして発見が難しいことになります。第2は人口の多さです。14億人という日本の12倍の人間が経済活動をしているわけで、ある侵害者を摘発しても違法行為をしようとする人間が多く存在するので、次の侵害者が次々と出てくる可能性が高いことになります。第3はリーガルマインドの欠如です。数千年にわたって帝政国家が続き、1949年の革命後も一党独裁の共産国家であり、民主主義国家ではありません。このことは中国国民が法律とは無縁の社会を現在まで続けていることになります。

●知的財産権保護の無理解

中国のリーガルマインドの欠如については、数千年にわたった帝政国家、その後の共産国家と続き中国国民が法律とは無縁の社会を現在まで続けており、1985（昭和60）年に突然制定された知的財産権に関する法律だけを守れといっても無理であることが分かります。昨日まで違法行為でなく設備投資をどんどん行った企業が、ある日突然に今日から違法だ、と言われてもとても守れるものではないかもしれません。知的財産権保護が充分でない理由の第4は、国民の間に知的財産権を保護することの意味が理解できていないことです。北京にある著名な大学の著名な教授が講義の最中に「知的財産権を護ることが何になるのか、中国人の利益を損ない外国人を利するだけではないのか」と言ったというのです。この発言はまさに多数の中国人の意思を象徴したものかも知れません。要するに大学の教授のような知的レベルの人間でも知的財産権を守らなければならない思考がなされていないのです。

●海賊版の被害21兆円？

経済協力開発機構（ＯＥＣＤ）の発表によると、２００６年度の世界の海賊版・模倣品の販売金額は21兆円といいます。ホントかな、と思わざるをえません。もっとあると考えるのが常識です。何故なら、14億国民の中国だけでもその経済を支えているのは模倣品の製造販売が主と考えるからです。私の関与させてもらっている企業の多くが被害にあっており、そこから推測するとその程度の金額では無いと思われます。１９９０年頃まで、知的財産の国際会議があっても、中国弁理士の参加はほとんど無かったのですが、２０００年に入ってボツボツと参加が増え、２００７年の国際会議にはどっと押し寄せて来てびっくりです。そういえば最近銀座や道頓堀には中国人が溢れかえり、外国を旅行しても、何処へ行っても中国人だらけで、それも日本人の旅行団体のような退職者や高齢者ではなく、20代30代の若い旅行者が大半です。何しろ海賊版や知的財産権侵害品ほど高率で儲けられる商品はないのですから。そういえば最近話題の「バイアグラ」の中国ニセモノが世界を席巻しているとも言われています。

第4章

アイディアが浮かんだら（出願まで）

●特許出願には明細書が必要

特許法で規定する発明の特許性要件①自然法則の利用②産業上の利用性③新規性④進歩性をそれぞれ有する発明をした場合に、どのように手続すれば特許が取れるかについて説明します。先ず特許出願には願書（特許法第36条1項1号）が必要であり、当該願書には明細書、特許請求の範囲、図面（必要な場合）および要約書を添付しなければならない（同法同条2項）となっています。そして明細書には発明の詳細な説明と図面の説明が必要です（同法同条3項）。また発明の詳細な説明には当業者（その業界に携わる者）において通常の知識を有する者がその発明の実施をできる程度に明確かつ十分に記載したものでなければならない（同条4項1号）となっています。また4項2号では特許出願の時に公知技術を知っている場合は、その技術を記載した文献（文献公知発明）を明示することが必要となっています。

●特許出願に必須の明細書とは?

特許出願の明細書に何を記載すべきかを説明します。一般に明細書と言われるものは、クレーム（特許の取りたい範囲の特定）と詳細な説明とで成り立っています。特許法は当業者において通常の知識を有する者がその発明の実施をできる程度に明確かつ十分に記載したものでなければならない（特許法36条4項1号）となっていますが、具体的には概ね次の要領で記載します。①従来の技術

②その従来の技術の欠点 ③その欠点を解消するための手段 ④具体的な実施例 ⑤その発明の効果、そして ⑥必要な図面となります。実施例についてはできるだけ多く記載することが大事で、審査の段階で拒絶理由通知を受けたときに、実施例が多く記載されていると、補正してクレームを減縮する際に威力を発揮することになります。

●審査には図面が大きな役割

特許出願には図面が必要であることは先に述べましたが、図面を必要としない発明については図面を割愛できます。しかしほとんどの特許出願は図面を添付していますし、よほどのことがないかぎり図面は割愛しないほうがいいのです。先ず審査において審査官は図面を見て発明の内容を把握しようとしますので、図面がないと詳細な説明の記載を読んで発明内容を理解しなければなりません。その記載された文章が下手なものであればなかなか技術内容を理解できません。次に審査において拒絶理由通知を受けた場合、クレームを減縮する対抗手段を取ろうとするときに、詳細な説明にも記載されていないが図面に明らかに記載されているときは、その図面に基づいて補正して特許を取得することができるからです。図面は設計図のように正確な寸法に基づいて作成する必要はなく、発明内容が理解できるように描けばよいわけで、その意味では斜視図（立体図）が欠かせないでしょう。

●特許に関しての著作権商法

相当以前から特許に関しての著作権商法というのがあります。これは、特許出願すると弁理士に20万円位の手数料を払わなければならず、自分で手続すると失敗する、従って「特許に関しての著作権手続」をすれば、B4サイズ1枚のペーパーに発明の趣旨と図面を描いて文化庁に登録しておけば、1万円程度の金銭で発明が守れるというものです。これは会員制の「○○学会」という組織が僅かな入会金および会費で実施しており、多くの町の発明家が飛びつくように入会しました。その数10万人とも言われており、一人1万円の会費としてもざっと10億円を集めたことになります。この商法は一種の詐欺商法ですが、理由はこうです。著作権登録手続を文化庁にすると、何も知らない人は自分の書いた発明技術が文化庁に登録されてその技術が保護されたと思います。しかし、文化庁に登録されて保護されるのは、B4紙1枚に書かれた文章の「てにをは」そのものと図面そのものであり、そこに書かれた発明技術の保護とは何の関係もないのです。

●著作権登録の錯覚

「特許に関しての著作権手続」というものがあり、文化庁に著作権登録すれば自分の発明技術が保護される、従って安価で発明が守れる、しかしこの商法は一種の詐欺商法です、と説明しましたが、それに近いことが最近起こり、それも有名人が行ったことで騒ぎになりました。カラオケの発明者として有名なI氏の手書きメモが著作権として一口100万円以上で2万口に分割され販売されたという事件です。文化庁に著作権譲渡の登録が相次いで、配当も出ると言うことで騒ぎになりました。これを100万円で買い著作権登録した人々は、カラオケの発明者の著作物の分割分を著作権登録すれば、カラオケの機械のロイヤリティ収入の分け前があると錯覚したかまたはI氏の著作物の分割した権利を買うことにより、I氏の何らかの著作権収入を貰えると思ったのかもしれません。しかし、金額の大きさといい、口数の多さを考えると最初から何らかの意図をもって実行されたのではないかと思わざるを得ません。

●特許出願で拒絶理由通知を受けた…

審査請求をすると審査官の審査が始まり、拒絶の理由がなければ特許査定しなければならないことになっています。しかし、何らかの拒絶理由に該当するときは特許庁から拒絶理由通知が発送され、相当の期間（日本人の出願は60日、外国人の場合は3ヵ月）を指定して意見書または補正書あるいはその両方を提出する機会を与えます。この拒絶理由は法律上多岐にわたりますが、特に多いのが発明の進歩性欠如です。この進歩性の欠如とは、過去に存在した公知技術の1つまたは複数から当業者（同じ業界に従事する者）であれば容易に想到することが出来た、と審査官が判断した場合に発せられるものです。これに対応するとき、意見書のみを提出しても審査官の判断はほとんど覆らないと思われますので、明細書の補正が重要となります。

●補正の要旨変更は認められない

審査請求後の審査官の審査の結果、拒絶理由を受けた場合の対応は述べましたが、補正書を提出するさいの補正の内容について説明します。特許法では無制限に補正をすることができないばかりか、補正事項の範囲および補正の時期について厳密に規定しています。先ず補正の時期については、特許庁に出願等の事件が係属している場合に限り補正ができ、特許査定前においては特許請求の範囲、明細書、図面のいずれも補正ができますが、拒絶理由通知を受けた後の補正は制約があるので注意を要します。拒絶理由通知を受けたときは願書に最初に添付した事項の範囲内で補正しなければならず、また2回目の拒絶理由通知（最後の拒絶理由通知）を受けた後は特許請求範囲の減縮、特許請求項の削除、明瞭でない記載の釈明、誤記の訂正に限り補正することができます。（特許法第17条の2第5項）しかし、いずれの場合も新規事項の追加は許されず、ましてや技術内容の要旨が変更されることは補正の対象外となり新規出願する以外に方法はありません。

●審査官による特許審査

特許出願をしても、審査請求手続を経なければ出願は審査されません。それでは審査は誰がどのように行って、どのような結論を出すのか気になるところです。特許庁には2千名を越す審査官が国際分類に示された技術毎に配属されていて、各審査官はそれぞれ1日に1人1件を処理するのを目標としています。審査官の審査の補助としてIPCC（一般財団法人工業所有権協力センター）で審査の前段階の審査をしていますが、そこで見つけられた公知技術（主に日本で出願された公開公報）に基づいて審査官が審査をし、特許出願に対して拒絶理由通知を出すか登録査定するかを決定します。特許法第51条によりますと、審査官は拒絶の理由を発見できないときは特許査定しなければならない、となっています。審査官は1つの出願を1人で審査しますから、特許の要件を満たした発明かどうかは審査官1人の主観によるところがあります。従って拒絶理由通知を受けたときは確りと検討しなければならないでしょう。

●果実の新種の保護は種苗法

1998年に制定された「種苗法」では、植物の新品種（交配、遺伝子組換等）を開発した人に届出によって独占的権利を付与することになっています。届出は農林水産大臣で農産物、林産物、水産物の生産のために栽培される種子植物、羊歯類、多細胞の藻類、蘚苔類などで、品種登録出願を行います。審査の結果、登録になると「育成者権」が発生し、登録の日から25年間は独占的に登録した品種の生産および販売を行うことができます。品種登録出願には農林水産植物の種類と学名、出願品種の名称、特性表を付けた説明書、出願する品種の写真が必要であり、品種によっては種子の場合は種子1，000粒、菌株の場合は試験管で5本の現物の提出が必要です。そして説明書には植物体の特性、区別される対象品種名と区別される特性、栽培地、栽培年月日、栽培方法（露地、施設、地植、鉢植などの栽培形態、栽培環境等）が記載されなければなりません。さらに繁殖方法（種子繁殖か栄養繁殖か）の他に育成の経過や育成素材（交配親名）の記載も必要となっています。

●発明協会とか特許事務所へ

人は誰でも日常いろんなことを考えます。その中でこれは生活に便利ではないかとか、こういう物があったらいいのになあ、と思うことがしばしばあります。そういうアイディアが浮かんだときにどうすればよいかの相談をよく受けます。その時は次の順序に従って行動を起こして下さい。先ず、近くのスーパーとか専門業者のところに行って、自分が考えついたアイディアを具体化した商品が出ていないかどうか確認し、それが出ていないと分かれば、簡単なメモを残して下さい。そこには簡単な図面（単なるスケッチで結構です）と、どういうものかの説明を書いて下さい。いくつもアイディアがあればそれぞれに図面と説明を書いておく必要があります。そして発明協会か弁理士の事務所である特許事務所を訪れて下さい。そのとき、嬉しがってアイディアを人に話してしまいますと、特許や実用新案がとれなくなる危険性がありますので、充分気を付けることです。人に話をされるときは、漠然とこんなもんあったら便利か、程度に聞いて下さい。

●自然法則の利用と産業上の利用性

自分のアイディアが知的財産権法に定める発明や考案に該当するかどうかを発明協会とか特許事務所を訪れて相談することになりますが、先ず特許法で定めた4つの条件のうちの2つの条件をクリアしなければなりません。1つは自然法則（地球上の物理現象）を利用していること、2つ目は産業上利用できること（特定の人しか利用できなく、また業務として利用できないものを除く）です。それを発明協会または特許事務所で判断して貰って下さい。これらの条件に該当しなければ特許、実用新案、意匠等として保護されません。この段階では発明協会は勿論のこと特許事務所も相談費用は発生しませんので安心して相談してください。但し発明協会は上記2条件に該当するか否かの最終判断はしない場合もありますので、特許事務所または発明協会の弁理士無料相談を尋ねてください。上記2条件をクリアすれば、次に新規性があるか（今まで世の中に無かったもの）および進歩性の有無（単なる技術の組合せでないもの）の判断が必要になります。

●特許庁のJ-PlatPat

新規性と進歩性については、公知技術の調査が必要であり、それにはインターネットの特許庁ホームページで数千万件を越える技術から、該当する技術が存在するかどうかを調査しなければならないからです。この調査は発明者自身で検索調査することもできます。先ずインターネットで特許庁のホームページを開きます。次に「特許情報プラットフォーム（J-PlatPat）」をクリックすると「検索メニュー」が出ます。そこで「特許・実用新案を検索する」の画面が出ますので、アイディアに関連するキーワードを入力して検索をクリックします。その時1つのキーワードでも複数でも入力出来ます。ワード数が多いほど技術が絞れますが、ピント外れのキーワード入力ですと肝心の技術が出ない恐れがあります。

●必要な出願前調査

勿論自分で検索すれば検索料はタダですが、専門家の弁理士に依頼すると費用が掛かります。技術内容やレベルによっても費用は変わりますが、一般的には3万円~10万円程度と考えて下さい。但し、ほんの簡単な調査や徹底的な調査の場合は、上記料金の下限および上限をはみ出す場合もあります。何れにしてもその調査によって出願するかどうかが決まりますので、最も必要な出願前作業です。調査では関連する技術が検索されますが、ズバリ同じ技術があった場合は新規性なしとして出願を諦められますが、よく似た技術であるけれどもちょっと違う、という場合が悩ましく困ります。進歩性の問題であり、出願するか否か最も判断に苦しむところです。ここは専門の弁理士の判断と発明者の判断とを総合しなければなりませんが、弁理士は権利可能性の有無と権利範囲の広さについてアドバイスできます。

●実施権期待の特許取得

弁理士と発明者の判断にもよりますが、出願して特許を取れても狭い範囲でしか取れない場合には出願を止める場合と、それでも敢えて出願する場合があります。前者の場合はそのアイディアを実際には実施しておらず、権利を譲渡するか他人に実施してもらう考えの場合です。後者は実際にその技術を実施しており、何らかの形で権利確保することが業務の向上と独占に繋がる可能性のある場合です。従って家庭の主婦とか個人であって、実施手段を持たない人が前者に当たるかと思います。次に出願すると決まった場合は特許出願の明細書を作成しなければなりません。この明細書作成は、少なくとも最初の出願または大事な発明の場合は弁理士に依頼されることをお薦めします。特に明細書の特許請求の範囲は法律の制約があるのと、権利の顔ですので慎重を要します。

●重要な明細書の記載内容

特許出願の明細書には要約、特許請求の範囲および詳細な説明が必要であり、必要に応じて図面を描かなくてはなりません。特に特許請求の範囲については、特許法第36条および実用新案法　第5条に記載方法が精緻に規定されていますので、この記載をいい加減にしたり誤ったりしますと肝心な権利が狭い権利範囲になるばかりか、権利を取得できない恐れもあります。また発明の詳細な説明に関しても、調査した従来技術との優位さを記載しなければなりません。従来技術の欠点を示し、その欠点を解消するためにどのような技術的工夫をしたかを記載します。図面に関しても発明を端的に表すことのできる図面がいくつか必要になります。このように最初の出願および重要な発明の出願は弁理士に依頼して模範的な書類を作成してもらい、次からその明細書を真似て自分で作成することも可能です。

出願しようとする発明が公知技術とどこが違うのか、その相違点を明確にしないと、せっかくの発明が公知技術にもとづいて当業者であれば容易に発明できたとする『進歩性の欠如』によって拒絶理由を受けることになります。特許請求の範囲は特許法第36条5項に「…発明を特定するために必要と認める事項のすべてを記載しなければならない」と規定されています。この意味は、一言で言うと、特許請求の範囲に記載された文言のすべてが発明の必須構成要件である、ということです。

●特許請求の範囲記載の重要性

特許請求の範囲の記載による権利範囲の認定について具体的な例を他にあげますと、カメラを最初に発明した場合に、それを特許出願する特許請求の範囲に「シャッター」「ファインダー」「レンズ」を必須構成要件として「本体ケース」を構成要件としない場合は、フィルムは何処へ装填すればよいのか不明ですし、フィルムを使用するカメラかどうかも不明です。この場合も発明は未完となります。逆に「本体ケース」は勿論「ズーム」も必須構成要件として特許請求の範囲に記載しますと、「ズーム」のないカメラは権利範囲に抵触せず、ズームのないカメラをどんどん販売されることになり、せっかくのカメラの発明が致命的な穴をあけた権利になってしまいます。このように自分の発明した画期的な技術をどのように特許請求の範囲を記載するかによって、極めて重要な権利になったり、穴だらけの役に立たない権利になったりまた権利が成立しないことになります。従って、最初の出願や大事な発明は先ず弁理士に依頼されることです。

●出願印紙税は?

詳細な説明にも発明の内容を充分把握できるように記載するとともに（特許法第36条4項1号2

号）、発明の理解に必要な図面を添付して特許庁に特許出願手続を致します。その際の出願印紙は15，000円です。実用新案出願するときは出願印紙14，000円と3年分の登録印紙税（2，100円＋1請求項100円）×3で、3請求項の場合は（2，100円＋300円）×3＝7，200円となります。）特許出願の場合は3年以内に審査請求手続（印紙代14万円〜）をしなければ審査されませんが、実用新案の場合は無審査ですから、その手続は不要です。そして実用新案の場合は出願日から3〜4ヵ月で登録になりますが、特許の場合は審査請求手続後1年程度の時間がかかります。ただ実用新案は無審査で登録になるため、同様の技術が重複登録されている可能性が大きいので、技術評価書（実用新案法29条の2）がないと権利行使できません。

●権利行使に必要な技術評価書

技術評価書（実用新案法第12条および第29条の2）は権利行使前に特許庁に請求しますと、自分の登録になった実用新案が本当に権利行使しても大丈夫かどうかの評価をしてくれます。評価書請求には4万2，000円＋1請求項1，000円の印紙税が必要です。技術評価書無しで権利行使（実用新案権侵害だと言って警告を発したりする場合）して、相手方がびっくりして製品の販売を中止したような場合には、後日その権利が権利行使出来ないものであることが判明すれば、実用新案権者は相手方に賠償責任を負うことになります。このように実用新案出願は、特許出願と違って早く権利化される分、法的に暴走しないように手当されています。

●1年6ヵ月で出願が公開

特許出願後は3年以内に審査請求する以外は特許庁からのアクションはありません。ただし、1年6ヵ月を経過すると、出願内容が自動的に公開公報に掲載されますから、第三者が出願内容を知ることになります。公開に関しては公開請求（特許法第64条の2）をしますと、1年6ヵ月を待たずに公開されます。この趣旨は、公開になると他人が自分の出願にかかる技術と同様のものを販売したときに補償金請求権が発生します（警告が条件）ので、自分の出願を模倣している者があるときは1年6ヵ月を待たずに公開する事によって他人の侵害を防御出来る（同65条）ことになります。実際のところ公開公報を見て模倣する事案が多く、このような場合は優先審査請求（同48条の6）をするなり、早期審査請求をして、一日でも早く権利を確保する事が肝要です。特許庁では審査請求があれば審査に着手し、拒絶理由のあるときはその理由を通知するとともに相当の期間を指定して意見書を提出する機会を与えなければなりません（同50条）。

●拒絶理由通知に対応

特許出願しますと、出願日から3年以内に審査請求手続きをしなければその特許出願は取り下げたものとなり、せっかくの出願が無駄になりますので、しっかり3年間の管理をしなければなりません。高額な印紙代を伴う審査請求手続（印紙代140，000円以上）をした後、概ね6ヵ月～1年以内に第1回の審査結果が出ます。運良く登録査定になればいいのですが、何らかの法的理由により拒絶理由通知を受けることが多く、その確率は全審査請求案件中、実に80％以上です。でもこれは慌てることはありません。拒絶理由によりますが、指定期日（通常60日）以内に意見書または補正書を提出して、拒絶理由を解消すればよいのです。拒絶理由には特許法第36条違反と特許法第29条および29条の2違反が多いのですが、第36条違反はほとんどが明細書の記載不備によって発明が特定されなかったり、不明の場合、そして第29条および第29条の2は新規性または進歩性否定の拒絶理由になります。

●発明の構成要件を全部記載

特許法第36条には明細書および特許請求の範囲について次の規定があります。「…その発明の属する技術の分野における通常の知識を有する者がその実施をすることができる程度に明確かつ十分に記載したものであること（4項1号）」「…特許請求の範囲には…特許出願人が特許を受けようとする発明を特定するために必要と認める事項のすべてを記載しなければならない…（5項）」上記規定によって、出願する明細書は当業者が直ちに実施できる程度に技術開示をしなければならないことになります。そして権利の範囲を決める特許請求の範囲については、その発明を特定するための条件すべてを記載しなければなりません。この条件の記載が少ないと権利範囲は広くなりますが、公知技術との抵触が多くなり、特許法第29条または第29条の2に引っ掛かって登録できなくなります。逆に、条件が多過ぎますと特許になる可能性は高くなりますが、権利範囲が狭くなり過ぎて、他人の侵害を阻止することができない恐れが有ります。

●特許になる5つの条件

前にも述べましたが、特許法では特許になる発明を次の5条件すべてに該当することを規定しています。①自然法則を利用していること ②産業上の利用性があること ③ 新規性のあること ④進歩性のあること ⑤同一内容の先願がないこと。逆にこれらの5条件のどれか1つでも欠けるとその発明は特許されません。この5条件の内で最も拒絶理由の対象となる条件は④の進歩性の欠如です。全拒絶理由のうち90％はこの進歩性欠如といっても過言ではありません。何故そうなるかと言いますと、①の自然法則の利用②の産業上の利用性については、発明者が特許事務所に発明を持ってこられたときに、弁理士が判断して出願そのものをしないからです。③、⑤についても、弁理士が明細書を作成する前に公知技術を調査して、公知技術に該当する場合は出願しないか、又は発明の技術内容について変更するか、あるいは特許請求の範囲を縮小・変更することによって③、⑤に該当しないように作業するからです。従って④のみが残るのです。

●進歩性の要件

進歩性（インベンティブステップ）については発明の特許要件中もっとも厄介な条件でありながら、最も頻発する問題でもあります。われわれ弁理士が代理して特許出願しても、まず出願通りに無補正で特許になることはほとんどなく、一旦は拒絶理由通知を受けて適正な補正を施すことによって特許になります。その全拒絶理由中、進歩性の欠如で拒絶されるのが全体の90％、明細書の不備（特許法第36条違反）が5％、残りの5％がその他の理由と思われます。明細書の不備については発明者、出願人、代理人それぞれの責任がありますが、進歩性の欠如については審査官との見解の相違といわざるを得ないケースが有ります。進歩性を有する発明とは、先願技術（当該特許出願日よりも前に公開された特許出願（実用新案を含む）に記載された技術）から進歩していないと言うことです。

●公知、公用、頒布刊行物公知

特許法は、進歩性について第29条2項に次のように規定しています。「特許出願前にその発明の属する技術の分野における通常の知識を有する者が前項各号に掲げる発明に基づいて容易に発明することができたときは、その発明については、同項の規定にかかわらず、特許を受けることができない」。この規定に出てくる「前項各号」とは29条1項に規定されている特許出願前に〔日本国内外で公然知られた発明・公知〕（1号）、〔日本国内外で公然実施された発明・公用〕（2号）、〔日本国内外で頒布された刊行物に記載された発明または電気的通信回線によって知られた発明（刊行物・ネット公知を含む）〕（3号）に該当しないものは特許される、というものです。しかし2項はそれでも特許されない場合を規定しており、それが進歩性の否定です。

●再び進歩性について

進歩性については、発明に特許が与えられる際に最も重視される要件でありながら、客観的な尺度がなく、出願人との見解の相違のまま審査官（審判官）の主観で拒絶理由通知や登録査定が決まる場合が多いのが現状です。我が国の特許法の進歩性と中国の進歩性を比較すると、中国特許法には「出願日以前にすでにある技術と比較して、その発明が格別の実質的な特徴及び顕著な進歩を有していること」（中国特許法22条）を権利付与の条件と規定されています。どちらも、いまいちすっきりしませんが、両国の法律ともその趣旨は『単なる思い付きで特別に従来のものと作用・効果が変わらない』ものは排除しようとすることがわかります。そのようなものに国家が特定人に独占権を付与するには値しないと言うことでしょう。

●米国特許法の進歩性

肝心のアメリカは進歩性について、どうなっているのでしょうか。米国特許法第１０２条では特許の要件として新規性を要求し、１０３条で「非自明性」を要求しています。「非自明性」とは発明が容易になされたものではない（進歩性がある）ことであり、自明性とは審査官が過去の公知技術に出願発明のクレームの構成要件がすべて記載されていることを指摘した場合であり、それらの構成要件を組み合わすことも示唆されている場合、さらにそれらの組合せによって合理的な成功の見通しが既に立っていることも含みます。従って出願人は、審査官の指摘に対して、公知技術にはクレームの構成要件がすべて記載されているわけではないことを主張するとともに、クレームを補正することによって進歩性の主張が可能と思われます。しかし、米国でも客観的な基準はなく、やはり審査官の主観に対して出願人が審査官の指摘の不合理を述べる構図は日本とあまり変わりません。

●拒絶理由通知と意見書・補正書

特許出願については、審査請求したうちの90％近くが審査の結果、特許できないとして拒絶理由通知を受けています。その理由は産業上の利用性の問題、自然法則の欠如、新規性および進歩性の欠如、あるいは特許法第36条に規定する明細書の不備などです。それではこれら拒絶理由に対抗するにはどうしたらよいかが特許出願の大きな問題となります。なにしろ専門の審査官が、特許性が無いと判断しているのですから、それを覆すためには審査官以上の智慧と知識が必要になります。特許第36条違反は審査官の理解不足の場合もありますが、概ね、発明が未完成であったり、当業者が実施できる程度に充分技術内容をディスクローズしていないことが多いようです。これは発明者および代理人弁理士双方の問題であり、出願時点で充分検討すればこのような拒絶理由通知を受けずに済む場合が多いでしょう。また自然法則の利用と新規性欠如も調査すれば出願前にクリアできることですが、進歩性については審査官と丁々発止しなければなりません。

●大切な補正書の提出

拒絶理由通知を受けた出願についてその理由が進歩性の否定によるものであるときは、明細書を補正した補正書および、または意見書を提出しなければそのまま拒絶査定になってしまいます。そこで拒絶理由通知を受けた出願は不要により放棄する場合を除いて（拒絶理由通知に対して何らの法的手続もせずに放置すれば、一定期間経過後に拒絶査定となります。）意見書と補正書の双方を提出しなければなりません。意見書だけでも法的手続き上は構いませんが、補正書を提出することなしに意見書のみで拒絶理由を覆すことはほとんど困難だと思って下さい。何故ならば、よほど審査官の拒絶理由が的外れでない限り、意見を述べても『そんな出願人の意見は承知の上で拒絶理由を発している』と審査官は内心でつぶやくでしょう。従って進歩性に限らず、拒絶理由通知を受けたときは、その理由を解消するような補正書を提出すべきです。特に進歩性の拒絶理由については出願書類の作成よりも労力を要することになります。

●補正書の限界

拒絶理由通知を受けたら補正書を提出することなしに意見書のみで拒絶理由を覆すことはほとんど

困難であり、その理由は専門の特許庁審査官を納得させるだけの明細書の補正が必要だからです。この補正の厄介さは法律の規定にあり、特許法第17条の2第3項には次のような規定があります。「…明細書、特許請求の範囲または図面について補正をするときは…（略）…願書に最初に添付した明細書、特許請求の範囲または図面…（中略）…に記載した事項の範囲内においてしなければならない」。この意味は最初に出願した明細書および図面に記載されていない（ディスクローズされていない）技術を追加して補正することは許さない、というものです。相当以前の特許法は、関連する技術であれば相当程度の追加補正ができたのですが、現在の特許法の補正はこのように極めて厳しくなっています。

●新規事項の追加は不可

その理由の第1は、最初の明細書に記載されていない新規事項を追加した補正をしますと、そのことによって最初の拒絶理由は解消するかもしれませんが、追加した技術が果して進歩性があるのか否かを再度公知技術のサーチを掛けなければなりません。その分審査が更に数ヵ月遅れることになります。迅速な審査が世界的に叫ばれているときにこれでは逆行することになります。次に特許の公開公報の閲覧によって、第三者が出願技術を回避して実施する範囲を確定しても、後で新規事項が追加されてしまうと、第三者が安心して実施出来ないことになります。このような理由から、補正の範囲は、新規事項の追加にならないように明細書および図面を参酌しながら慎重にしなければなりません。

●発明者も明細書をチェック

拒絶理由通知を受ける前の補正であれば、新規事項の追加でない限り特許請求の範囲を拡張することも可能です。いずれにしても新規事項の追加は許されないことであり、当初の出願書類の作成においては、考えられる技術のすべてを記載する事が必要になります。このため、出願原稿を作成するにあたっては、発明者と代理人弁理士が綿密な打合せをすることによって、より完全で安全な明細書が出来上がります。発明者は弁理士任せにするのではなく、自らの発明をどの様に明細書に表現されているかを確りとチェックする必要があります。特許になってから、あるいは拒絶理由通知を受けてから、自分の発明と出願書類の内容が違う、と言われるケースが結構ありますが、これは出願時において発明者または弁理士が綿密に確りと明細書の打合せとチェックをしていない場合に生じます。

●関連技術は1出願で可能・こんな裏技が？

産業財産権（特許・実用新案・意匠・商標）出願に関して、法律上「こんな裏技？がある」を紹介します。特許出願について、出願のノウハウを説明しますと、特許出願は1発明1出願が原則ですが、一定の条件を満たせば複数の発明でも1出願で対応することができます。特許法第37条には「2以上の発明については経済産業省令で定める技術的関係を有することにより発明の単一性の要件を充たす一群の発明に該当するときは、1の願書で特許出願することができる」。すなわち、複数の発明であっても、ある技術的問題を解決しようとする技術的思想が同じである場合、あるいは発明が解決しようとする課題が同一のときは一つの願書で出願できることになっています。具体的に説明しますと、超音波が脂肪吸引に効果があることを発見して、基本的な吸引方法を発明した場合、その吸引方法の発明と吸引装置については一つの願書で出願できます。

●分割出願

特許出願した場合、拒絶理由通知を食らって、さてどうしようかという時に、法律は面白いことを規定しています。特許法第44条1項「特許出願人は…2以上の発明を包含する特許出願の1部を1または2以上の新たな特許出願とすることができる」。その分割出願できる時とは「…補正をすることができる時または範囲内」「特許をすべき査定の謄本の送達があった日から…30日以内」「拒絶をすべき旨の最初の査定の謄本の送達があった日から3月以内」と規定しています。すなわち、特許出願の発明が2以上の発明を包含していると思われる場合、拒絶理由通知を食らっている出願の補正書・意見書を提出できる時（60日以内の指定期間）、特許査定を受けたとき、拒絶査定を受けたときにはそれぞれ分割できることになっています。しかもその場合、分割した出願は新たな出願になるのですが、拒絶された出願の出願日まで出願日が遡るのです。

●出願日の遡及効果

分割するのはほとんどの場合が拒絶理由を食らったときです。この時に分割すると、元の出願日に新たな出願日が遡及することも述べました。この分割の最大の意義は、拒絶理由通知を回避できるだけではなく、新たな出願を公知技術に抵触しない別の権利として登録されることです。そして元の出願は補正をして公知技術に抵触する部分を削除して、審査官と意見のやり取りをしながら権利を取るようにします。そうすることにより、元の出願の権利が取れるだけではなく、分割した新たな出願とともに2つの権利を誕生させられることになります。この出願日の遡及効果および複数の権利が発生する効果は大きく、大いに利用すればよいのですが、特許法の他の規定に抵触することのないように気を付けなければなりません。

●出願の変更　特許出願⇔実用新案出願

もう1つ面白いことがあります。実用新案法第10条には「特許出願人はその特許出願を実用新案登録出願に変更することができる」とあります。このことは、特許出願したけれども発明に値せず考案（一般に言われる簡単な発明）と出願人が思った場合、あるいは無審査制度の実用新案に変更して、いち早く登録査定を欲しいときは、その特許出願を実用新案に出願変更できます。さらに法律は、特許出願を分割した一部の出願を特許出願から実用新案登録出願に変更できることも認めています。すなわち、拒絶理由通知を受けた特許出願を分割して複数の出願にした後、さらにその一部出願を実用新案登録出願に変更できることにより、早く権利が欲しい部分とじっくり審査して欲しい部分とに仕分けすることができます。1つの特許出願が特許と実用新案になる可能性があるわけです。

●特許出願⇔意匠出願

意匠法第13条には「特許出願人はその特許出願を意匠登録出願に変更することができる。ただし、その特許出願について拒絶をすべき旨の最初の査定の謄本の送達があった日から3月を経過した後は、この限りでない」。すなわち、特許出願をしたが意匠登録に変更したいときは、明細書に記載の図面が意匠法の規定に基づいて意匠出願できるものであるときは変更できます。この場合、法律は特許出願を分割した一部の出願を特許出願から意匠登録出願に変更し、残りの部分を特許出願として維持できることも認めています。ただし、拒絶査定を受けた場合は、その日から3月以内ということです。

勿論、出願日は意匠登録出願に変更したものも元の特許出願日に遡及致します。

●特許出願⇔実用新案出願⇔意匠出願

特許法第46条に「実用新案登録出願人は…特許出願に変更することができる」「意匠登録出願人は…特許出願に変更することができる。」と規定されています。すなわち、実用新案出願も意匠出願も出願内容如何によっては特許出願に変更できるものです。さらに特許法第46条の2には「実用新案権者は…実用新案登録に基づいて特許出願をすることができる」と規定されています。特許法第46条の規定が『実用新案登録出願人』であるのに対して、特許法第46条の2は『実用新案権者』となっています。46条は出願中の実用新案を特許出願に変更にできる規定であり、46条の2は一旦実用新案権として成立しているものを更に特許出願できるというものです。

●実用新案権を特許出願に変更

なぜ実用新案権が確立しているものを、特許法第46条の2でわざわざ特許出願にする法律ができたかについて説明致します。実用新案権は無審査で登録になるので、同じ技術のものが複数登録になっている危険性があり、果して自分の実用新案権が権利主張するに値するものかどうか不明です。そこで評価書を特許庁に求めて、権利主張できる権利かどうかの判断を仰ぐことができるようになっていますが、評価書は簡単な公知技術のチェックであり、厳密な審査ではありません。従って確りした権利にしたい場合にこの法律が効いてきます。もう1つの理由は、実用新案権は出願から10年しか権利期間がありませんので、もし当該権利の製品がヒットして息の長い製品に育ったときに、権利期間が

10年では短い場合があります。そのときに特許に変更すれば出願から20年の権利となり、実用新案の2倍の保護期間が得られます。

●特許法第46条の2

特許法第46条の2の条文は2004年に規定されたものですが、「46条」と「46条の2」は全く異なる別個の独立した条文であって、46条に関連する条文として追加された条文です。新しく改正または追加された法律は、全く新しい番号を設けるのではなく、「～の2」「～の3」「～の4」という風にして法律を追加します。余談ですが、関税法69条には「69条の20」まであります。69条の2が輸出禁制品であり、69条の11が「輸入禁制品」であって、知的財産に係る物の輸入を禁止しています。関税法とか独禁法（私的独占の禁止および公正取引の確保に関する法律）のように滅多やたらに法改正している法律に多く見られますが、最近、特に法改正が多い知的財産権の各法律にも多く見られます。

●特許出願に出願変更できない時期

法律は一定の法的期間によって、特許出願に変更ができない時期を規定しています。それは特許法第46条の2第1項に特許出願出来ない時期を4点列挙しています。その1はその実用新案登録が出願された日から3年を経過した場合、その2は実用新案技術評価書の請求があったとき（技術評価書とは実用新案登録者が当該権利を行使したいときに、その登録された実用新案が法的効果のある技術であるかどうかの審査を特許庁に求めるものです）、その3は第3者から技術評価の請求があったときに、特許庁からその旨の通知を受けた日から30日を経過したとき、その4は実用新案登録に対して無効審判が請求されたときに、答弁の期間として特許庁が指定した期間を経過したとき、となっています。3年は特許の審査請求との整合性、評価書は実質審査と同じだから、無効審判の答弁書が提出されてしまえば、無効審判で争うことになるからです。

●審査請求印紙税が高額すぎる

審査請求印紙代をタダにできる方法。または半額にする方法。特許出願で最も弊害になっているのが審査請求の高額印紙税です。特許出願1件の請求項が8項以上あると15万円を越してしまいます（基本料118，000円＋4，000円×請求項数8＝150，000円）。特許出願の弁理士の手数料（1週間から10日程度掛かって作成する技術明細書の手数料）が平均20万円ですから、出願印紙税（15，000円）とトータルで実に弁理士の手数料近くになり、、出願合計で35万円を越すことになります。これでは予算を組んで組織的に出願する大企業はいざ知らず、苦しい会計をやり繰りしている中小企業や零細企業、それに個人では特許出願そのものを止めざるを得ないことになります。現に2014年度は不景気のせいもあって2002年のピーク時から130，000件も特許出願が減少しています。審査請求印紙税の高額に恐れたために出願が極端に減少したのです。そこで裏技でタダまたは半額にできる方法があるのです。2011年迄は、審査請求の基本料は168，600円でした。

●審査請求印紙税がタダになる場合

印紙代が15万円くらい掛かる審査請求をしなければ特許の審査をしてくれない、という法律はどうかしています。でも現実は法改正がなされない限り支払わなければなりません。そこで審査請求無しで権利を取得できる実用新案登録も一つの選択肢ですが、いかんせん無審査ですから権利行使時に技術評価書が必要です。そこでとって置きの裏技中の裏技（弁理士があまりこれを薦めると問題ですが）を紹介します。特許庁の実務では、市民税を払っていない人、即ち年間所得が１００万円以下の人は、なんと審査請求料15万円程度がタダになるのです！。家庭の専業主婦、無職の人、フリーター、学生、お年寄りなどが発明して出願した場合は15万円がタダです。更に更に裏技を言うと（問題発言か？）市民税を払っている人の発明でも、上記の人々に特許を受ける権利を譲渡してしまえばタダなのです。

●社長から家族へ特許を受ける権利の譲渡

特許を受ける権利とは、特許法第33条、34条に規定されており、発明者が自身の発明を他人に譲渡すれば、その他人が特許出願でき、その場合に出願人が上記の免除を受けられることになります。具体的に言いますと、一定の市民税を払っている主人が収入のない奥さんや子供さんに自身の発明を譲渡して、その人々が発明者として特許出願すれば、審査請求料の15万円前後がタダになります。特許を受ける権利の譲渡は特許庁に対する手続を必要としませんから、発明者名および出願人名を上記の人々にするだけでいいのです。但し主人の名前で出願してしまいますと、後からの譲渡では適用されませんので要注意です。

●出願に関する印紙税が全部タダ

専業主婦、無職の人、フリーター、学生、生活保護者等の所得が無いか年間100万円以下の人たちは、審査請求印紙代がロハになることは述べましたが最初の3年間の登録印紙税も免除になるのです。その金額は特許の場合は1年で2，300円＋請求項×200円ですので、10請求項ある場合は4，300円×3年分で12，900円となり、これが全部タダになるのです。実はこの免除制度は特許だけではなく、実用新案にも適用されます。すなわち、実用新案登録の最初の3年分印紙税は、年2，100円＋10請求項×100円＝3，100円ですから10請求項の場合は3年分の合計9，300円がタダになります。更に更に登録印紙税のみならず、実用新案技術評価書請求手数料（印紙税）42，000円＋請求項×1，000円もタダになります。すなわち10請求項の場合は52，000円の印紙税がタダになることになります。

●免除と減額

免除になる対象者は、①生活保護を受けている人（この場合、生活保護を受けていることを証明する書面が必要）、②市町村民税が課されていない人（この場合、市町村民税非課税証明書が必要）です。この他に審査請求印紙税が半額に軽減および特許料1年～3年分を3年間猶予される対象者もあります。その方とは所得税が課されていない人であり、適用を受けるための必要な書類は、納税証明書（その1）と源泉徴収票です。この優遇措置は特許だけではなく、実用新案にも適用されます。このように特例の免除または軽減される減免措置があるにも係わらず、勿体ないことに実際はあまり利用されていません。その理由は特許庁のＰＲ不足と、代理人弁理士の認識不足があります。

●法人の印紙税減額の扱い

法人の軽減扱いについて述べます。次に述べる①～⑤の全ての条件を満たす場合に、審査請求印紙税半額（略７５，０００円程度）特許料１～３年分３年間猶予（３年後には支払わなければなりません）となります。①法人税が課されていない法人（法人税確定申告書別表第１、納税証明書が必要）②資本金３億円以下の法人（定款、法人登記事項、前事業年度の貸借対照表が必要）③他の法人に支配されていない法人（法人税確定申告書別表第２、株主名簿等が必要）④その発明が職務発明であること（職務発明であることを証明する書面が必要）⑤その職務発明を予め承継している（承継を証明する書面が必要）。以上５項目を全部満たして、尚かつ括弧内の書類が必要ですが、これって、こんな面倒臭いことをしてまで法人が半額を希望しますか。

商標 Trademark

●梅に「南高梅」の文字は商標登録できない

商標法第３条１項１号には、普通名称をその商品の商標とすることはできない旨の規定がありますが、これは当然のことであり、例えば商品「メロン」に「メロン」と商標を付けてみたところで、誰の商標か区別できません。しかし「Ｔシャツ」にメロンと付すことは可能ですから、「メロン」ブランドのＴシャツの商標が登録できることになります。「南高梅」の文字が梅製品に商標登録できないのは、商品『梅』に対して商標「南高梅」は普通名称に過ぎないからです。また梅干しにも登録できないのは商標法3条1項3号に「原材料」に該当するものも登録出来ない旨の規定があるからです。それでは全く登録できないかと言うと、実は裏技があり「南高梅」の文字の他に識別力のある別の文字を入れれば登録の可能性が生じます。例えば「黒潮の南高梅」とか「貴賓南高梅」「南高梅美女」などであれば、南高梅以外の文字の識別力によって登録の可能性がでるのです。梅および食品関係以外の商品には当然のことながら南高梅の文字のみで登録の可能性はあります。

●「音」「ホログラム」「色彩」も登録の対象

特許庁の意向に我々は大変驚いています。その内容は、登録商標に無形の「音、動き、位置、ホログラム、色」も登録の対象にしようと言うものです。現在の商標法では登録できる対象は「文字、図形、記号若しくは立体的形状若しくはこれらの結合、又はこれらと色彩との結合」と定義されています（商標法第2条）。分かりにくいので具体的にいいますと、文字（あらゆる単語やその組合せ）や図形（動物や植物の図形、その他の抽象的な図柄など）または記号（記号化された文字や数字など）または立体的な形状（ビクターの犬、ケンタッキーフライドチキンのカーネルサンダースおじさんの人形、不二家のペコチャン人形など）に一色または複数の色彩が組み合わされたものがそれぞれ登録の対象になっています。

●音の商標

新しいタイプの商標についてそれぞれ検討したいと思います。先ず、インターネットやテレビ、ラジオで流される企業広告の音楽とか特殊な音について検討すると、音楽については著作権法により保護が図れます。音楽でない特殊な音、その「音」が企業イメージをアップしたり、その音を聞くと直ちに消費者が特定企業をイメージすることがあるかもしれません。「音」の場合は現在の科学ではテープやCDの電子的手段で出願し、保管、再現ができるのでそれほど問題はないと思われます。次にキャラクターや人物、動物、さらには抽象的な図形やロゴ、そして各種マークの「動き」を登録の対象とした場合はどうでしょうか。これも「音」と同じようにDVDやUSBの電子的手段により解決を図ることができますので、登録の範囲として分野を拡大することは可能です。それでは特許庁が揚げた「ホログラム」はどうでしょうか。「ホログラム」も企業が独自の特徴を出すために使用されているものですが、「ホログラム」は色彩や形状の変化が一定であれば電子媒体によって保護範囲を確認することができます。

●商標登録の必要性

商品を販売するとき又はサービス業（役務）を提供するとき、いずれも商品に名称（商標）を付して営業します。このことは人が生まれて生きて行くのに名前が無いと大いに困ることと同じです。その名称を経費と時間を掛けて有名にしても第三者に勝手に使用されたり、似た名称を付けられたら、今までの努力が無駄になるばかりではなく、自分の商品（役務）と他人の商品（役務）との区別が付かなくなってしまって業務自体に大きな支障が生じます。その他人の商品（役務）が粗悪品（粗悪役務）であれば尚更のことです。従って商標法では自分の商品（役務）に付した名称を第三者に侵害されないように、商標使用前または使用中に登録できる制度をとっています。その登録方法は、商標が使用する商品（役務）を指定して特許庁に出願すればよいのです。その商品については商標法に1類～45類に区分されていて（国際分類）、区分と商品（役務）を指定して出願するように定められています。分類中のどの商品（役務）を指定するかは一つのテクニックです。

●権利の欲しい商品（役務）の決定

商標を登録するということは、その商標を個人に独占権を与えることになるので、誰でも使用しなければならない商標、誰でも使用したい商標、既に多くの人に使用されている商標、あるいは誰の商標か分からない識別力（特別顕著性）のない商標等は登録出来ないことを商標法は規定しています。このことを念頭に商標登録をする必要があります。法律で規定した登録できない商標を除いて商標登録する場合には、登録したい商品（役務）を決めなければなりません。その商品については商標法に1類～45類に区分されていて（国際分類）、区分と商品（役務）を指定して出願するように定められています。分類中のどの商品（役務）するかは一つのテクニックです。商品（役務）が決まれば登録したい商標を決定して、特許庁に出願します。この際、登録出来ない商標を法律は細かく決めています。商標法3条には、先ず普通名称を普通にその商品（役務）に登録することは出来ないと決めています。

●コンピュータに「りんご」の商標は登録できる

商標法第3条には、普通名称を普通にその商品（役務）に登録することは出来ないと決めています。すなわち商標「りんご」を指定商品「りんご」に登録することはできませんが、りんご以外の商品、例えば指定商品「コンピュータ」には「りんご」の商標を登録することができます。同じように商標「ゴルフ」を指定商品「ゴルフ用品」に登録することはできませんが、「ゴルフ用品」以外の商品、例えば指定商品「自動車」には「ゴルフ」の商標を登録することができます。また商標「靴下」を指定商品「靴下」に登録することはできませんが、靴下以外の指定商品または役務には登録できます。現に、アメリカでは野球の球団名に「レッドソックス」および「ホワイトソックス」というのがあります。このように普通名称でも商品（役務）が異なれば登録できるのですが、それでは商標「りんご」を指定商品「みかん」に登録することができるでしょうか。

●りんごに「みかん」の商標は登録できない

普通名称でも商品が異なれば登録できると言って、商標「りんご」「ゴルフ」「ソックス」の例を上げ、更に商標「りんご」を指定商品「みかん」に登録できるでしょうかと言いました。指定商品「りんご」には登録できないが、商品が異なれば登録できると言ったので、指定商品「みかん」に登録できるのではないかと言うことになります。ところがこれがコンピュータと違うところで、コンピュータに「りんご」の商標を付しても誰もコンピュータをりんごと間違って購入する人はありません。しかし商品「みかん」の箱の外側に「りんご」の商標を付せば、中身が林檎と思って購入する危険性があります。従ってこのような場合には登録ができないのは当たり前のことのようですが、法律はしっかりと登録出来ない商標として規定しています。

●商品と直接関係のある商標登録は不可

商標法第3条1項3号には登録できない商標として、次のように列挙しています。「商品の産地、販売地、品質、原材料、効能、用途、数量、形状（包装の形状を含む）、価格若しくは生産若しくは使用の方法若しくは時期又はその役務の提供の場所、質、提供の用に供するもの、効能、用途、数量、態様、価格若しくは提供の方法若しくは時期を普通に用いられる方法で表示する標章のみからなる商標」。これを一言でいいますと、商品または役務そのものと直結する名称（標章）は誰でも使用するものであり、特定の個人に独占させてしまうことは社会の利益にならないし、商品の誤認混同を引き起こすことになるということです。商品の産地、販売地に該当する地名については説明しましたが、商品の品質とは、スーパー、一級、ゴールド、最高級、熟成、永久保存などの標章であり、原材料とは、商品の原材料そのものを商標として表示する場合であり、例えば「黒毛和牛１００％」という標章です。この場合も品質の場合と同じく誰でも使用する文言だからです。

●品質、形状を表わす商標の登録不可

商標法第３条１項３号の登録できない商標で、形状、価格、生産、使用の方法および時期について説明します。形状とは商品はもちろん、包装の形状も含みます。例えば「球形」「正方形」「立方体」「楕円」「星型」「丸」「四角」「三角」「堅牢包装」（菓子、食品、文具、身廻品など殆どの商品）、「雲形」（定規）、「板状」（食品）「連続巻」（文具）、「菱形」（たわし、タオル）、「ふんわり包装」（食品）などです。価格とは「１００円均一」「１０００円以内」「特別価格」「特価」「廉売」（殆どの見回り品）、生産とは生産する方法であり、例えば「加熱滅菌」「凍結乾燥」「フリーズドライ」「丸ごと煮沸」「瞬間冷凍」「３分間１２０度滅菌」「工場直送」「生産者直売」

「国内加工」「純粋培養」、使用の方法とは「食後服用」「食間服用」「空腹時」「一回1錠」（薬剤）「スライス」「みじん切り」「丸ごと」「冷凍」「加熱」（食品）、時期とは「蔵出し」「完熟」「冷凍出荷」「春仕込」（食品）などです。

●山田、鈴木、中村等は登録不可

商標法第3条1項には3号の他にも登録をできない場合を列挙しています。1号には前に説明したように普通名称をその商品にそのまま付する場合、2号には「慣用商標」（幕の内弁当、柿の種、正宗など）があります。4号はありふれた「氏」または「名称」を普通に用いられる方法で使用する場合で、「山田」「鈴木」「中村」「田中」「小林」「松本」「吉田」等の極めて多い苗字は登録できないということです。ありふれていない苗字とは「設楽」「大工廻」「御手洗」「百百」「月見里」「瑠璃垣」「五百蔵」「塩入ケ谷」「中願寺」「綾小路」などの他にも「百舌」「小鳥遊」「兼坂」「百華」「五分一」等があります。このありふれている苗字とそうでない苗字との区分は、東京都の電話帳で30人以内かどうかで決めている、という話が有りましたが、真偽の程は分かりません。なお、苗字と名前のフルネーム「杉本勝徳」は登録対象です。ありふれた名称とは「八百政」とか「魚政」のように、どこでも使用されている名称で特別顕著性（識別性）のないものをいいます。

●識別力ある名称又は図形との組み合わせ

商標法第3条1項5号には極めて簡単でありふれた標章のみからなるものも登録出来ないとしています。この規定に該当するものとしては、単なる○、△、□などのほかに、楕円形のみ、1～2本の直線、曲線のみの場合が該当します。ところで、商標法第3条1項1号の普通名称、3号の地名や品質表示、4号のありふれた氏や名称、5号の極めて簡単な標章についてはいずれも「それのみ」で使用の場合には登録出来ないと規定されていますので、それらの登録出来ない商標に他の文字、図形等を組み合わせれば登録出来るのです。例えば「鈴木」という氏は登録出来ませんが、そこにススキの絵柄でも併せておけば「鈴木」が登録になります。また「和歌山」のみでは登録になりませんが、みかんの漫画でも添えておけば登録になります。要するに他の識別力のある何かと組み合わせて出願すれば登録になるということです。

●国際機関又は公的なマークの登録不可

商標法第3条1項には登録できない場合の条件を示していますので、それに該当しない場合は登録できることになります。しかし、同法4条には3条の規定に該当しないにも係わらず登録できない商標を列挙しています。それを順次説明しますと、1項1号は国旗、菊花紋章、勲章、褒章または外国の国旗と同一または類似の商標、2号はパリ条約同盟国、世界貿易機関の加盟国または商標法条約の締約国の国の紋章その他の記章、3号は国際連合その他の国際機関を表示する標章、とありますが、要するに世界各国の国際機関のマークについては登録を認めないということですし、4号も赤十字関係の標章や名称については登録出来ないとしています。5号は日本国又はパリ条約同盟国、世界貿易機関の加盟国若しくは商標法条約の締約国の政府または地方公共団体の監督用または証明用の印章や記号、としていますが、実務上は余りお目に掛かりません。6号は地方公共団体や公益団体が使用するマークであって著名なものは登録出来ないと規定しています。

●公序良俗に反する商標は登録不可

では著名でないものは登録できるのかと言いますと，その通りであって、例えば全国に2，000を越える地方自治体がありますが、それらの自治体が使用するマークで著名でないものは登録になるということです。次に7号ですが、法文は「公の秩序または善良の風俗を害するおそれがある商標」と規定しています。いわゆる公序良俗に反する商標は登録出来ないとする規定ですが、一般的に考えると猥褻な商標を思い浮かべますが、7号はもっと広い範囲の事を規定しています。例えば皇室の16花弁の菊花紋章等は当然本規定に該当しますし、他人が既に使用している商標を登録しようとしても本規定に引っ掛かります。他の条項号に該当しないけれども登録を「許す」（特許庁は時々このような文言を使用します）と社会的に混乱を起こさせるようなものは全て本号で拒絶しています。

●インターネットによって審査が変質

日本の商標法は先願主義ですから、他人が既に使用しているかどうかは問題ではなく、最初に出願した者に権利の登録が許される筈です。それにも係わらず他人が使用していると決めつけて拒絶するのは最近5～6年の傾向です。このことは実はハッキリしており、インターネットの普及です。インターネットが普及するまでの100年間以上（商標法は1884（明治17）年の商標条例が嚆矢で、1899年に商標法が制定される）は他人がどこでどんな商標を使用しているのかは全く不明であり、とにかく最先に出願された商標が登録になっていました。従って使用された結果、多少の周知になった商標でも登録を許している場合がありました。それがインターネットの普及で、日本の何処かで誰かが使用していてインターネットに掲載されると拒絶になるという、先願主義の法の趣旨と違うアメリカ的な先使用主義に近い審査になっています。

●氏は登録不可、氏名は登録可

商標4条1項8号では他人の肖像、他人の氏名、名称、著名な雅号、芸名、筆名などは登録できないとしています。3条1項4号にありふれた「氏」または「名称」は登録出来ないとする規定があり、本号もよく似ていますが、他人の氏名（フルネーム）を登録出来ないとする規定で、自分のフルネームは登録出来るのです。3条1項4号は自分の氏でもありふれたものは登録できないが、4条8号もたとえ自分のフルネームでも、「田中誠」「鈴木一郎」「山本勝」などのように同姓同名が非常に多いと思われるフルネームの登録はできません。他人の著名な雅号（ペンネーム、芸名）は登録できませんが、著名でないものは登録出来ることになります。9号は5号と似たところがありますが、国や公共団体が博覧会に使用する賞と同じものは登録できないとする規定です。10号は周知商標の保護です。他人が使用している商標で周知になっているものは保護することが社会的に必要であるから、そのような商標の登録は拒否するというものです。

●先願登録商標の存在

11号は当たり前の規定ですが、他人が既に登録している商標は登録できないということで、ごく当然のことですが、この規定がないと他人の先登録商標と同一または類似の商標出願があった場合に、その出願の登録を拒絶できないことになります。12号は他人の登録防護標章と同一のものは登録できないとしています。防護標章とは著名商標であって、登録する商品に使用するかしないかの有無に関係なく登録を許可し、他人の同一商標の登録を拒絶できる商標をいいます。※13号は登録商標の消滅日から1年以内は同一または類似の他人の商標登録を認めない、というものです。その理由は1年以内に他人の同一商標の登録を認めると、消費者が消滅前の商標と誤認混同を引き起こす恐れがあるからです。

※筆者注：13号の規定は10年前に廃止になりました。

14号は種苗法により品種登録を受けた品種の名称と同一または類似のものは登録をできないというものです。15号は10号～14号の総括規定で他人の商品または業務と混同を起こす商標は登録できないとしています。

●商品の品質誤認になる商標は登録不可

商標法第4条1項16号は商品の品質又は役務の質の誤認を生ずるおそれが有る商標は登録できないとする規定で、具体的には商品ミカンに「リンゴ」という商標を登録させると誤認を起こすことになりますし、野菜を販売する八百屋が「果実屋」という商標を登録したら誤認をおこします。鰻の商標に「江戸風」という商標の登録を認めると江戸風で無い商品に品質の誤認を与えます。要するに16号は商品や役務に誤認を生じるものは登録しないということです。17号は葡萄酒の産地表示に関する拒絶規定であり、18号は立体商標に関する拒絶規定です。19号は１９９６年に制定された規定で、世界的に周知・著名な商標は保護しなければならないとして、当該商標を登録して不正に使用する場合は登録を認めないとしています。１９７８（昭和53）年12月、スウェーデンの超硬工具の世界的有名商標で日本に商標登録していないのをいいことに、それらの商標を日本国内で多く登録されて日本に輸出できなくなり、国際問題に発展したことがありました。

●地名、著名な他人の名称登録は不可

登録出来ない商標を法律に基づいて列挙しましたが、簡単に纏めると、①地名、②著名な建造物、③他人の著名・周知表示、④商品の品質の誤認を起こさせる標章、⑤公序良俗に反する表示、⑥他人の先登録商標に同一または類似の標章、以上①〜⑥に該当しない商標であれば登録になる可能性がある、と言うことになります。それぞれについて公式な可否の尺度がある訳ではないので、①〜⑥に該当するか否かは個々のケースで考える他ありません。

商標登録出願すると特許庁から必ず登録するか拒絶するかのアクションがあり、どのアクションも期限以内に対応しなければ出願が無効になります。私の所に相談に来られる個人出願の多くは、特許庁のアクションが分からず放置していたら出願が無効になったというものです。個人で出願されるのも結構ですが、審査のチャートをしっかり把握して対応されることが重要です。

第5章 ノーベル賞の世界

●青色発光ダイオードでノーベル賞

２０１４年10月7日、ノーベル物理学賞を日本の３人の学者である赤崎勇名城大学教授、天野浩名古屋大学教授それに中村修二カリフォルニア大学教授が受賞することが発表されました。その受賞の研究は「青色発光ダイオード（青色ＬＥＤ light emitting diode）」を開発したことによります。ＬＥＤの開発歴史は意外と古く、１９６０年代には赤色の発光ダイオードが開発され、緑色もほぼ同時に開発されましたが、青色の発光が困難であった。青色の発光ダイオードの研究は、当初は炭化珪素によって発光を求めたが、輝度が悪く使い物になりませんでした。そこで世界は青色発光ダイオードを求めて、セレン化亜鉛という物質に着目しました。ところがこれも充分な輝度が得られることはありませんでした。そこで赤崎教授と天野教授は窒化ガリウムに着目したが、この窒化ガリウムは輝度は充分ですがセレン化亜鉛に比して結晶が出来にくい欠点がありました。赤崎・天野両氏の研究も産業界で利用できるような量産に漕ぎ着けることが出来なかった。ところが中村教授が日亜化学に在職中に窒化ガリウムの量産に成功しました。

●青色ＬＥＤの発明は単なる釜

中村修二カリフォルニア大学教授が、徳島の日亜化学工業株式会社在籍中に青色発光ダイオードを発明して20年以上になります。この発明は7桁の特許番号の下３桁の４０４を指して「４０４特許」

と言われていますが、発明の技術内容は簡単なもので、中村教授曰く「私の青色発光ダイオード発明は単なる釜ですよ」と言うことになります。単なる釜ではあるが、これが画期的なもので、簡単に説明しますと、青色に発光する窒化ガリウムの結晶を容易に製造できる釜を発明した技術です。それまで世界の研究者の間では結晶の出来易いセレン化亜鉛での発光を求めて研究していました。窒化ガリウムの方が発光は、鮮明であることは分かっていたのですが、結晶が出来難いことが最大の難点でした。そこで中村教授は結晶が簡単に出来る釜を発明したのです。ところがこの発明を巡って日亜化学工業と退社後の中村教授との間で世間をアッと言わせる訴訟が起き、その判決がまた世間をアッと言わせたのです。

●200億円の判決

特許法第35条には「職務発明」規定があります。この規定は欧米には明確には存在しない日本独特の規定で終身雇用制が存在する日本の特徴と言えるでしょう。この規定は社員（大学や公共団体の職員も含む）が自己の職務上（研究発明を職務として給料を支給されている場合）によって発明した技術は、会社が譲り受ける権利を有するとした規定ですが、譲渡を受けた会社は、発明者にそれ相応の対価を支払うことを規定しています。しかし、多くの企業ではその対価は数万円に止まり、それが会社と発明者とのトラブルの原因となっています。中村修二教授が日亜化学工業時代に発明した時も数万円の対価を受け取っていたに過ぎません。当時の職務発明規定はその対価の規定が譲渡を受けた企業は「相当の対価」を支払うとされていたに過ぎず、この対価を巡って多くの争いを生むことになります。中村教授はアメリカから東京地裁に日亜化学工業を相手に２００億円の対価（史上最大の対価）

を求めて訴訟を起こし、その判決が何と６００億と出たのです。

●職務発明の対価

特許法第35条「職務発明」については、中村修二さんの青色発光ダイオード事件をきっかけに相次いで訴訟が提起されたために、２００４年に法改正されました。改正されたポイントは、社員が発明したものを会社が譲渡受けるときの対価の規定が曖昧だったので、それをルール化しようとするものです。改正法は「契約、勤務規則その他の定めにおいて前項の対価について定める場合には、対価を決定するための基準の策定に際して使用者などと従業者などとの間で行われる協議の状況、策定された当該基準の開示の状況、対価の額の算定について行われる従業者などからの意見の聴取の状況などを考慮して、その定めたところにより対価を支払うことが不合理と認められるものであってはならない」と規定した。何と意味不明な日本語の規定かと思う。要するに、対価の額の契約は社員と会社の間で充分話し合って決めなければならない、という規定に過ぎないのであるが、通産官僚が法律を作ると、このように多くの標準的な日本人に理解されないものとなります。職務発明規定は２０１５年７月３日に参院を通過してさらなる改正法が成立しています。

●対価の金額決定の困難性

中村修二博士の青色発光ダイオード訴訟を契機に２００４年に改正された特許法第35条「職務発明」について、私は改正法でも充分ではないと思います。その理由の１つは、原則終身雇用制を導入している日本の企業で、従業者と雇用者との間での契約は、従業者が思ったことを主張し得ない雰囲気があること、次に対価の額を決めるのに、最後まで問題になるのは発明者の貢献度です。この2つのネックは職務発明制度自体の存続を危うくしており、特に対価の認定における貢献度の判断の難しさについてはほとんど解決されていません。その難しさとは①3人以上の共同研究の場合の配分の問題、②外国において権利取得した場合、外国での販売実績と発明者の貢献度の判断、③販売における営業努力が大きい場合の判断、④他社の特許とクロスライセンスした場合の評価、⑤発明に至った会社または他の従業員の貢献度の問題、⑥他社に実施権を設定した場合の問題、⑦他社に権利を譲渡してしまった場合の扱いの困難性などがあります。

●無効審判

職務発明における対価の額の算定については、この他に重要な問題として、特許の無効の問題があります。特許制度は特許が登録になっても、いつでも（20年後の権利消滅後でも）特許を無効に出来る制度があります。これは特許庁の審査の問題でもありますが、膨大な量の出願を審査するにおいて完璧に審査することは不可能ですから、争いの起こった時には権利侵害を主張された側が、当該特許を無効にできる制度が設けられています。一旦成立した特許において、会社は独占的に利用した結果膨大な利益を上げて、発明者に対価を支払った後に当該特許が無効となった場合に、支払った対価はどうなるのか、という問題をはらんでいます。対価を支払う前であれば問題は無いのですが、対価を支払った後に無効になった場合にどうするか。特許が無効になる確率は結構高くて、争いになった場合には50％近い確率で無効になるとした統計もあります。職務発明制度は問題が多いので、制度自体を廃止する考え方もあります。

ノーベル賞と特許

山中伸弥京都大学教授がノーベル賞を医学生理学部門で受賞されましたが、過去の日本人で技術系のノーベル賞を受賞したのは次の人々です。湯川英樹、朝永振一郎、江崎玲於奈、小柴昌俊、小林誠、益川敏英、以上はノーベル物理学賞。福井謙一、白川英樹、野依良治、田中耕一、下村修、鈴木章、根岸英一、以上はノーベル化学賞。利根川進、山中伸弥、以上はノーベル医学生理学賞です。この受賞された研究者のうち、山中教授以外では特許云々の話は余り聞きません。その理由の1つが、ノーベル賞を受賞した時点では研究が終わっている場合が多いこと、理由の2つ目は田中耕一さんを除いて受賞者の殆どは学者であることが考えられます。従来、学者は研究成果を論文発表するのが全てであり、特許を取得することは考えないのが一般的でした。上記受賞者のうち田中さんについては、現役で研究を続けておられ、特許出願も多数なされていますが、学者ではなく企業の技術者です。そこで脚光を浴びるのが純粋研究者の山中教授の特許出願です。

iPS細胞発明の特許は独占を阻止

特許とは、本来発明者または所属企業が独占実施権を取得するための制度です。それは発明を公開し技術の進歩に寄与する代償として、一定期間（20年、薬品は25年延長可）独占して利益を上げられるようなっている制度です。ところが、このたびの画期的な発明であるiPS細胞の発明に与えられたノーベル賞は、人類の将来に計り知れない夢と希望を与える可能性があり、それを一企業が独占する事は人類全体の幸せに繋がらない恐れがあります。相当以前ですが、米国の著名な製薬会社がエイズ治療に有効な薬の特許をブラジル国内で取得したケースがありました。その当時ブラジルではエイズ患者が急増し、国家の重大事でしたが、エイズに有効な薬が特許で押さえられていたために、高額な薬品で殆どの貧困国民が手を出せない事態に陥っていました。そこで米国の製薬会社に価格引下げを要求しましたが、特許取得を盾にその要求に応じなかったところ、政府が主導して安価な特許侵害品の製造を許可する非常手段に出ると言った事がありました。

●実施許諾される山中伸弥教授の特許

山中伸弥教授の発明になる特許出願は、2014年現在、特許公開公報および特許公表公報に掲載されて公開されているものが60件以上あり、その他に未だ公開されていないけれども出願中のものが30件以上あると思われます。山中教授は現役で研究されていますので、まだまだ特許出願は増えると思いますが、一企業に独占させないために大学が特許権者となって、希望する会社に実施許諾を与えており、現在、特許の実施許諾は数十社を超え、山中教授の研究室には数百人の研究者がおられ、下村博文文部科学大臣が今後10年間に1，100億円の研究費支援を行うと言ったと聞いていますが、それでもアメリカの同じ研究室に較べて研究費は一桁下とも言われています。その山中教授のノーベル賞の対象になった再生医療に繋がるiPS細胞とは、体のあらゆる部分に再生されるもので、いったん皮膚や臓器を構成した細胞が生まれた頃に戻る（細胞の初期化）、まるで「タイムマシン」と言われる発明（発見）で、人類に計り知れない夢をもたらす可能性があります。

●誘導多能性幹細胞の製造方法

そのノーベル賞の対象になった再生医療に繋がるiPS細胞は、従来から画期的と言われたES細胞（受精卵を壊して作る胚性幹細胞）と違って、倫理面でも問題がないと言われています。ノーベル賞の対象になった発明（特許）の1つを紹介します。特許第4183742号（権利者京都大学、登録日2008年9月12日、特開平2008－283972）であり、特許公報によると、発明の名称が「誘導多能性幹細胞の製造方法」となっており、その特許請求の範囲（請求項1の記載）は『体細胞から誘導多能性幹細胞を製造する方法であって、下記の4種の遺伝子：Oct3/4、Klf4、c-Myc、及びSox2を体細胞に導入する行程を含む方法』となっています。

●胚やES細胞を使わない万能細胞

山中伸弥教授の発明になる特許（特許第4183742号）は、どのような発明なのかを説明します。明細書の【要約】欄によると「胚やES細胞を利用せずに分化細胞の初期化を誘導し、ES細胞と同様な多能性や増殖性を有する誘導多能性幹細胞を簡便かつ再現性よく製造する方法を提供する」とあります。ES細胞を利用しなくても、どの様な体細胞にも、ある種遺伝子を導入にすることによって、皮膚とか内蔵に分化した細胞を分化する前の細胞、即ち初期化細胞を作ろうとする発明です。特許請求の範囲に記載された4種の遺伝子「Oct3/4、Klf4、c-Myc、及びSox2」は、人間に存在すると言われているDNA型遺伝子3万2千種類の中から探し出したものです。

●多くの難病の細胞移植療法の資源

山中伸弥教授のノーベル賞になった発明の1つの特許である特許第4183742号「誘導多能性

幹細胞の製造方法」には特許公報に次のような内容が記載されています。『胚性幹細胞（ES細胞）はパーキンソン病、若年性糖尿病、白血病など多くの疾患に対する細胞移植療法の資源として期待されている。しかしながらES細胞の移植は臓器移植と同様に拒絶反応を惹起してしまうという問題がある。また、ヒト胚を破壊して樹立されるES細胞の利用に対しては倫理的見地から反対意見も多い。患者自身の分化体細胞を利用して脱分化を誘導し、ES細胞に近い多能性や増殖能を有する細胞（この細胞を本明細書において誘導多能性幹細胞：iPS細胞と言うが、「胚性幹細胞様細胞」又は「ES様細胞」と呼ばれる場合もある）を樹立することができれば、拒絶反応や倫理的問題のない理想的な多能性細胞として利用出来るものと期待される。』

●体細胞の初期化

本発明の従来技術および発明が解決しようとする課題が次の様に記載されています「体細胞を初期化する方法として、例えば、体細胞の核を卵子に移植し作成したクローン胚からES細胞を樹立する技術が報告されている。本発明の課題は核初期化因子を提供することにある。より具体的には、本発明の課題は、卵子、胚やES細胞を利用せずに分化細胞の初期化を誘導し、ES細胞と同様な多能性や増殖能を有する誘導多能性幹細胞を簡便且つ再現性よく樹立するための手段を提供することにある」。

●24種類の候補遺伝子

特許第4183742号「誘導多能性幹細胞の製造方法」の特許公報には、課題を解決するための手段として次のように記載されています。「本発明者らは…（省略）…核初期化因子のスクリーニング方法を用いて核初期化因子の同定を試みた。その結果、核初期化に関連する遺伝子として24種類の候補遺伝子を見出し、それらのうち3種類の遺伝子が核初期化に必須の遺伝子であることを確認した。本発明は上記の知見を基にして完成されたものである。すなわち、本発明により、体細胞の初期化因子であって、下記の3種類の遺伝子：Ｏｃｔファミリー遺伝子、Ｋｌｆファミリー遺伝子、及びＭｙｃファミリー遺伝子の各遺伝子産物を含む因子が提供される」。この記載によって明らかなことは、３万2千種といわれるＤＮＡ型遺伝子の中から24種類の候補遺伝子を見つけ出したことが、凄い作業であったと思われます。なお、山中伸弥教授の発明はその後更に改良されて、発癌性の低い遺伝子を組み込んだ誘導多能性幹細胞を樹立されています。

大学発明と企業発明の比較検討

●山中伸弥博士と中村修二博士

ノーベル賞を受賞された山中伸弥教授の発明である「誘導多能性幹細胞の製造方法」は典型的な大学発明であり、１９９７年に特許された中村修二博士の青色発光ダイオードの製造方法は典型的な企業発明と言えます。このことをこれから説明していきたいと思います。

大学は学校教育法第83条（目的）に①「大学は、学術の中心として広く知識を授けるとともに、深く専門の学芸を教授研究し、知的、道徳的および応用的能力を展開させることを目的とする」②大学は…その成果を広く社会に提供することにより、社会の発展に寄与するものとする」とあります。すなわち、大学は教育研究の成果を社会に提供して、社会の発展に寄与すべきと規定されています。また同法99条（大学院の目的）には「大学院は、学術の理論および応用を教授研究しその深奥を極め…文化の進展に寄与する事を目的とする」。同法113条（教育研究活動の公表）には「大学は、教育研究の成果の普及及び活用の…状況を公表するものとする」とあります。

●大学の使命は社会貢献と真理追求

大学はその使命が法定されていますが、教育と研究の使命、間接的と直接的な社会貢献の使命があります。直接的な使命としては社会人の公開講座、国際的な研究活動と国際協力、産学官連携推進活動、研究によって生じた発明の特許出願等があります。大学の教育研究活動の成果とし、学会発表、論文発表、シンポジウムの開催、著作物の発行等があります。そしてその研究活動を法的に保護する方法として、著作権による保護、特許、実用新案、意匠等の産業財産権による保護が考えられます。大学はそれら真理を求めて成した研究成果をもとに基礎的な発明が生じて、特許等を取得すると考えられます。このことは後ほど詳細に説明しますが、企業は大学と背景が全く異なります。商法第501条に絶対的商行為とは「利益を得て譲渡する意思を持ってする動産、不動産若しくは有価証券の有償取得又はその取得したものの譲渡を目的とする行為」とあります。要するに「利益を得て」する行為が企業の行為であり、そこが大学の行為とは全く異なります。

●全社の研究は利益を得るため

会社法第5条には商行為の規定があり、「会社がその事業とする行為及びその事業のためにする行為は、商行為とする」という規定があり、商法第501条（絶対的商行為）と合わせて考察すると、会社の研究発明はすべて利益を得るために行われるのであり、利益追求ではなく真理を求めて研究した成果の大学発明とは基本的に異なります。知的財産基本法という法律が2003年に発効されています。この法律の第2条（定義）には「この法律で知的財産とは、発明、考案、植物の新品種、意匠、著作物その他の人間の創造的活動により生み出されるもの」、同第1条（目的）には「この法律は…（省略）…我が国産業の国際競争力の強化を図ることの必要性が増大している状況に鑑み…（省略）…知的財産の創造、保護及び活用に関し…（省略）…国、地方公共団体、大学及び事業者の責務を明らかにし…（省略）…知的財産の創造、保護及び活用に関する施策を集中的かつ計画的に推進することを目的とする」と規定されています。

●知的財産基本法

知的財産基本法第7条（大学等の責務等）第1項には「大学等は、その活動が社会全体における知的財産の創造に資するものであることに鑑み、人材の育成並びに研究及びその成果の普及に自主的かつ積極的に努めるものとする」と規定されています。この規定の意味するところは、大学の研究成果については、象牙の塔に籠もらすのではなく、積極的に社会全体に普及するようにしなければならないと定めています（2項、3項省略）。一方、特許法、実用新案法、意匠法にはそれぞれその第1条（目的）に「…もって産業の発達に寄与することを目的とする」と定められています。種苗法では第1条に「…もって農業水産業の発展に寄与することを目的とする」と規定されており、著作権法第1条では「…もって文化の発展に寄与することを目的とする」と規定され、いずれも産業の発達や文化の発展に寄与することを目的としています。大学は先に述べたように社会の発展に寄与することを使命としています。

●大学のシーズによる発明

大学関係の法規定と産業関係の法規定を比較検討しながら、両者の社会的使命の相違について今まで述べてきましたが、大学発明と企業発明の具体的な相違と特徴について纏めながら述べていきます。先ず大学発明とは①大学教育と研究による大学使命の発明、②探究した真理から生じる発明、③発見に近い発明、④成果の社会への普及と貢献が必須、と考えられます。そして大学発明の特徴は①大学の研究室の発明（大学発明）で、大学自体が権利者となる、②社会のニーズではなく教授のシーズによる発明が多い、③大学発明の社会への普及のために、第三者への通常実施権を設定することが必要である反面、特定の企業に独占させることになる専用実施権の設定は考えにくい、④理論上の発明（発見）から応用発明に至り、製品化については企業に依頼することになります。ところで大学発明には多くの問題点があり、このことが大学発明の限界と見られます。

●問題多い大学発明

大学発明には多くの問題点があり、この問題点が大学発明の特徴でもあり限界とも見られます。①大学は発明して特許を取得しても、大学自体が立場上製造したり販売できない。従って発明の実施主体になれない大学には直接的な利益はない。②大学は企業と組んで研究するか、又は企業に通常実施権を設定してロイヤルティ収入を考えなければならない。③学生が関わった発明では、発明者が教授か学生か曖昧なところがあり、大学発明（職務発明）ではしばしば問題になる。④教授の研究から出発する発明は、社会のニーズを考えない場合がある。⑤企業と共同出願した場合、利益配分で問題になる事が多い。⑥特許法の規定では、共同出願の場合はそれぞれ勝手に実施できるので、大学の収入方法を確保しなければならない。⑦共同出願の場合、相手方が実施しなければ収入の道が閉ざされるので、実施する企業を探さなければならない。そして仮に実施する企業があっても、特許法は共同出願の相手方の承諾を得なければならないと規定しています。

●iPS細胞の特許は典型的な大学発明

ノーベル賞を受賞した山中伸弥教授の発明は、典型的な大学発明と言えます。その理由は、発明が直接利益に結びつかないけれども、極めて基礎的な重要な発明であること、特許取得して独占権を占有しても、実施主体ではないから自ら製造販売出来ないこと、また通常実施権を設定して企業に応用発明から製品発明まで依頼しなければなりません。このｉＰＳ細胞の発明は、人類に無限の勇気と夢を与える歴史的な発明であり、それ故に一企業に独占させてはならない発明で、今まで説明してきた型通りの大学発明です。このような発明は直ぐに或いは直接的に利益を生み出すものではないので、企業の発明としては考えにくいものです。

●直ちに実用化・製品化に結びつく企業発明

山中伸弥教授のｉＰＳ細胞の製造方法特許は、画期的な人類史上白眉の発明で、多くの難病患者が助かり、拒絶反応がある臓器移植を伴わない治療に光明が射し、正に人類の夢を実現するものです。

しかし、この発明だけでは直ちに利用することはできず、それぞれの実験や治験を経て最終的に利用できるのであって、この最終的な利用に至るまでのプロセスにおいて更なる技術を要する点において、典型的な大学発明と言えると思われます。これに対して、同じくノーベル賞の中村修二博士の青色発光ダイオードの発明は、その発明が直ちに製品化される可能性の高い技術であることに於いて、典型的な企業発明と思われます。すなわち、中村博士の発明（特許第2628404号、通称404特許）は、窒化ガリウム（GaN）の結晶膜の成長を促す事により達成されたものであり、直ちに実用化および製品化に結びつく発明です。世界がセレン化亜鉛（ZnSe）で青色発光を求めていたときに窒化ガリウム結晶の量産方法に着目した発明は画期的と言えます。

●中村修二博士の執念

中村修二博士の発明の特許請求の範囲は次の通りです。「加熱された基盤の表面に、基盤に対して平行ないし傾斜する方向と、基盤に対して実質的に垂直な方向からガスを供給して、加熱させた基盤の表面に半導体結晶膜を成長させる方法において、基盤の表面に平行ないし傾斜する方向には反応ガスを供給し、基盤の表面に対して実質的に垂直な方向には、反応ガスを含まない不活性ガスの押圧ガスを供給し、不活性ガスである押圧ガスが、基盤の表面に平行ないし傾斜する方向に供給される反応ガスを基盤表面に吹き付ける方向に方向を変更させて、半導体結晶膜を成長させることを特徴とする半導体結晶膜の成長方法」。

●404号の特許

その発明の【課題を解決するための手段】には次のように記載されています。「この発明の半導体結晶膜の成長方法は、加熱された基板の表面に、基板に対して平行ないし傾斜する方向と、基板に対して実質的に垂直な方向からガスを供給して、加熱された基板の表面に半導体結晶膜を成長させる方法を改良したものである。本発明の成長方法は、基板の表面に平行ないし傾斜する方向には反応ガスを供給し、基板の表面に対して実質的に垂直な方向には、反応ガスを含まない不活性ガスの押圧ガスを供給する。基板に対して実質的に垂直に供給される反応ガスを含まない不活性な押圧ガスは、基板の表面に平行ないし傾斜する方向に供給される反応ガスを、基板表面に吹きつける方向に方向を変更させて、半導体結晶膜を成長させる。基板の上部から垂直に流す不活性ガスである押圧ガスは、H2、N2ガスを単独で、あるいはこれ等の混合ガスを使用する」。

特許第2628404号、通称404特許は、発明の名称のように特許明細書には青色発光ダイオードその物の発明ではなく、青色に発光する窒化ガリュウムの結晶膜を製造させる方法です。もともと窒化ガリウムは青色に発光することは知られていましたが、うまく結晶膜が製造できなかったために、世界では異なる物質であるセレン化亜鉛で研究されてきましたが、充分に発光しない欠点がありました。中村博士の発明は本人曰く「釜だよ釜」というように、窒化ガリウムの結晶膜を如何に早く成長させるかがポイントであり、そのための簡単な装置なのです。熱した基板の上に反応ガスを巧く吹きつけて結晶膜の反応を早める方法で、反応ガスが基板の上に押しつけられるように、不活性のガスを反応部に向かって所望の角度で噴射することが最大の特徴で、いわばコロンブスの卵的な大発明です。

［第１図］

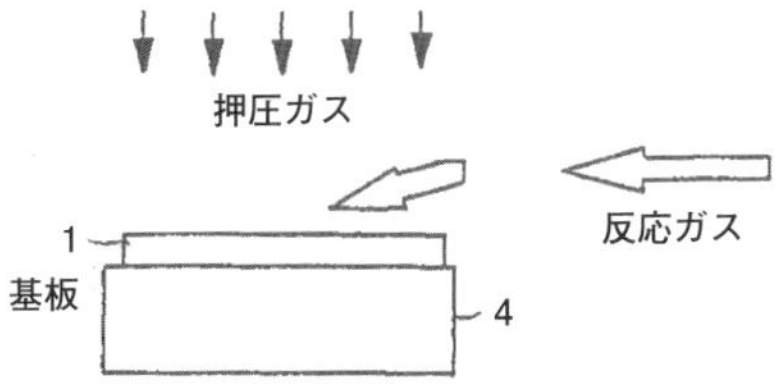

［第２図］

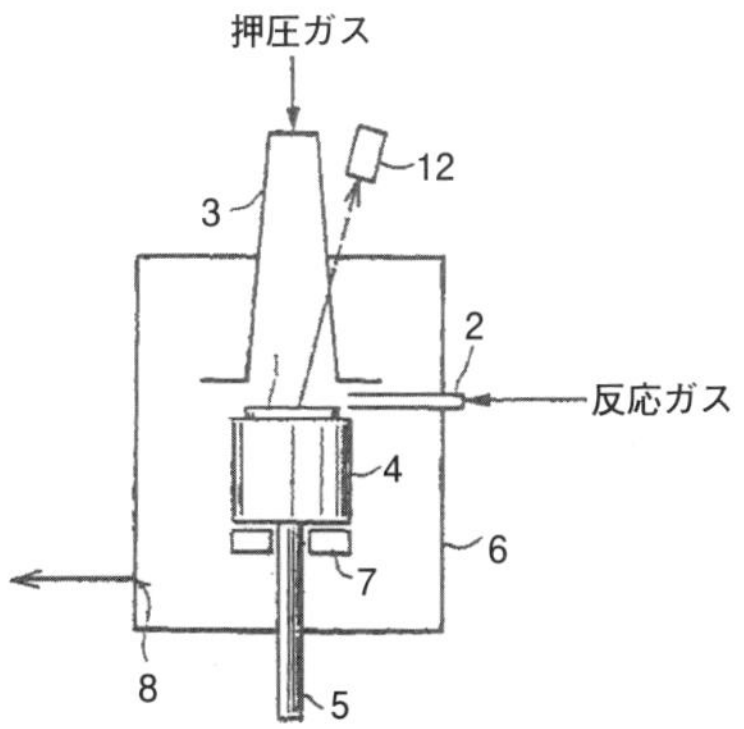

［第３図］

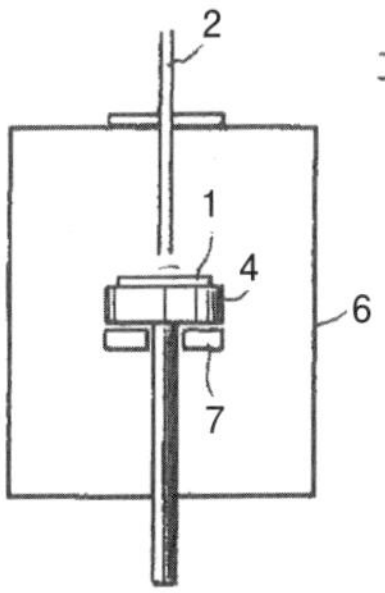

［第４図］

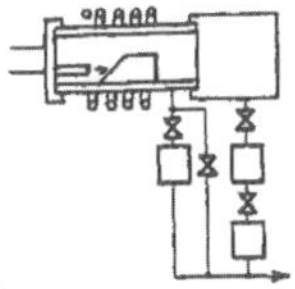

［第５図］

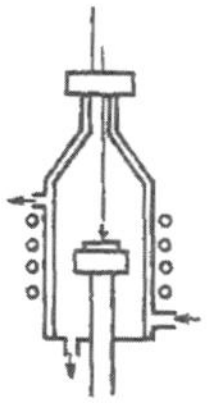

［第６図］

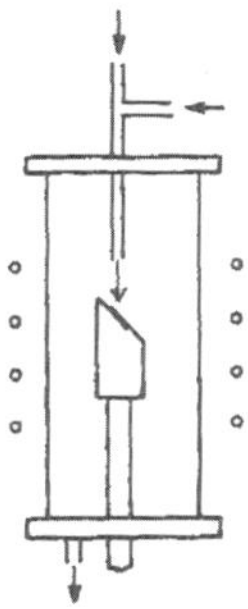

※第１図はこの発明の方法を示すガスの流動方向を示す側面図、第２図はこの発明の方法に使用する半導体結晶膜の成長装置の概略断面図、第３図ないし第６図は従来の半導体結晶膜の成長装置の概略断面図である。

1……基板、2……反応ガス噴射管、3……副噴射管
4……サセプター、5……シャフト、6……反応容器
7……ヒータ、8……排気口、12……放射温度計。

あとがき

本書「知的財産権ってなぁに？・」の出版を思い立ったのは、2015年6月です。和歌山市内を中心に発行されている地方紙・和歌山新報に「知的財産権ってなんだ」という連載を2006年から始め、蓄積された連載記事が900回を超えました。これまでの記事を再編集して出版してはどうか、とういうお話しを戴いたからです。

900回の中から参考になりそうなものを400回分ほど選び、さらにその中から250回分を選んで本書に編集しました。しかし、9年に渡って執筆していたため、その間に法令の改正があって、内容を現在までに変更しなければならない状況になりました。法律の条文や数字を修正出来るところは修正しましたが、修正出来なかった所もあるかと思われます。

また、毎週の新聞への記事を、その時点時点での時事を取り扱っていた関係で、本文には個別企業の商標戦略の失敗を掲載していますが、当該企業の事実をニュース報道に基づいて著者が感じるところを述べました。商標戦略の難しさを実際の企業名を出すことによって、よりリアルに述べることができましたが、当該企業にはご理解戴いて、掲載したことをご容赦下さるようお願いいたします。

さらに、2014年から2015年にかけて特許法、意匠法、商標法、弁理士法の改正があり、それに従った実務も行われています。そこで改正部分について説明するとともに、それに沿った実務がどのように行われているか、その部分についても現在までに分かった範囲で解説しています。

先ず、**特許法ついて**は次の通りです。

・出願人に災害などのやむを得ない事情があったときには、手続期間の延長が可能になった（特許法

108条4項参照）。

・特許異議の申立制度の創設。この制度は特許公告制度があったときに存在した異議申立制度と似ているが、以前は公告の仮保護の権利の時に異議の申立ができたのであるが、今回の改正では特許登録になった後の6ヵ月以内に異議申立が出来るものです（特許法第113条参照）。

意匠法の改正について

・意匠の国際登録に関するハーグ協定のジュネーブ改正協定による出願。これは複数国に対して意匠一括出願できる制度です（意匠法第6章の2参照）。

商標法の改正について

・商標保護対象の拡充。ホログラム、音、位置、色彩、動きの5つの表示が保護の対象になった（商標法第2条第1項）。

制度発足日の2015年4月1日受付で見ると、色商標192件、音商標151件、位置商標106件、動き商標32件、ホログラム商標3件となっており、さらに2015年10月23日では色商標423件、音商標321件、位置商標214件、動き商標70件、ホログラム11件となっています。

・地域団体商標の登録主体の拡充。地域団体商標（地域ブランド）の登録主体は業界の組合でなければならなかったのを、改正法では商工会、商工会議所、NPO法人も主体に追加されました（商標法第7条の2第1項）。

弁理士法の改正について

・弁理士は知的財産の専門家であること及び社会的な使命を目的とすることが明確化しました（弁理士法第1条）。

・出願以前のアイティア段階での相談業務が弁理士の業務として取り入れられました（弁理士法第4条第3項第3号）。
最後に2015年4月～2015年9月の特許出願速報です（特許庁）。
4月（24，796件）、5月（22，349件）、6月（27，638件）
7月（25，986件）、8月（23，755件）、9月（32，010件）
累計153，079件で昨年同時期に較べて1．9％の減少です。

杉本特許事務所
所長・弁理士　杉本　勝徳

2015年12月

事例でわかる
知的財産権ってなぁに？　NDC507.2

2016年1月18日　初版1刷発行　（定価はカバーに表示してあります）

著　者　杉　本　勝　徳
発行者　井　水　治　博
発行所　日刊工業新聞社
〒103-8548　東京都中央区日本橋小網町14-1
電　話　書籍編集部　東京　03（5644）7490
販売・管理部　東京　03（5644）7410
ＦＡＸ　03（5644）7400

振替口座　00190-2-186076
URL　http://pub.nikkan.co.jp/
e-mail　info@media.nikkan.co.jp

印刷・製本　株式会社 大通

落丁・乱丁本はお取り替えいたします。　2016 Printed in Japan
ISBN 978-4-526-07512-4